越玩越聪明的
侦探推理游戏

于雷 编著

清华大学出版社

北京

内 容 简 介

本书汇集了数百个世界上经典、有趣的逻辑探案游戏，在满足孩子旺盛猎奇心理的同时，还能提高孩子的观察力、分析力和判断力。这些简短精彩的逻辑探案游戏，可以激发孩子探究的欲望，拓展他们的思维，使孩子可以运筹帷幄、抽丝剥茧、去伪存真，最终洞察一切。

本书的读者对象为：想要改变思维方式，提高逻辑思维能力的小学高年级、初高中学生。

图书在版编目(CIP)数据

越玩越聪明的侦探推理游戏/于雷编著. —北京：清华大学出版社，2021.4（2023.5重印）
ISBN 978-7-302-57060-8

Ⅰ. ①越… Ⅱ. ①于… Ⅲ. ①智力游戏—青少年读物 Ⅳ. ①G898.2

中国版本图书馆 CIP 数据核字(2020)第 251321 号

责任编辑：张　瑜
封面设计：杨玉兰
责任校对：王明明
责任印制：丛怀宇

出版发行：清华大学出版社
　　　　网　　　址：http://www.tup.com.cn, http://www.wqbook.com
　　　　地　　　址：北京清华大学学研大厦 A 座　　　邮　　编：100084
　　　　社 总 机：010-83470000　　　　　　邮　　购：010-62786544
　　　　投稿与读者服务：010-62776969, c-service@tup.tsinghua.edu.cn
　　　　质量反馈：010-62772015, zhiliang@tup.tsinghua.edu.cn

印 装 者：天津鑫丰华印务有限公司
经　　销：全国新华书店
开　　本：170mm×240mm　　　　印　张：13.5　　　　字　数：320 千字
版　　次：2021 年 4 月第 1 版　　　　　　　印　次：2023 年 5 月第 2 次印刷
定　　价：49.80 元

产品编号：065320-01

前　　言

多思考，开发智力和大脑！

破奇案，挑战思维的极限！

善推理，成功终将属于你！

一个人的智慧需要不断培养，才会成熟；一个人的思维需要不断训练，才会提高。爱因斯坦曾经说过：逻辑思维能力强是智商高的表现。因为一个人思维的逻辑性在很大程度上决定了这个人认识问题的深度和广度。对于学生来说，思维的逻辑性与其学习成绩有很大关系，因为它关系到学生的判断、推理以及综合分析的能力。因此，培养一个人思维的逻辑性是促进其智慧发展的关键。

如何才能提高人的思维的逻辑性呢？阅读探案推理故事是一个非常简单而有效的办法。通过阅读，不仅可以享受阅读的乐趣，还能在这些非常有趣的故事中挑战思维极限，提高思维的灵活性、深刻性和逻辑性。有趣而严密的逻辑推理故事能够充实人的心灵，改变人的行为方式和思考方法，助人步入杰出人士的行列。

你可以扮演刑警或侦探的角色，在张弛有度的气氛中，面对一个个充满悬疑而又有趣的案件、一个个引人思考的问题，亲身体会发现线索的乐趣和揭开真相的快感。

本书的最大特色之一就是巧妙地设置了很多小问题，你可以通过回答这些问题，关注细节、发现线索，充分运用自己的逻辑分析能力找出自己的答案，在无形中培养思考的能力。

如果你认真看完本书中的游戏，就可以冲破思维定式，学会从不同的角度去思考问题，掌握更科学的思维方式和方法，即使参加世界 500 强企业的面试，或者报考公务员、MBA 等，都能轻松应对。

阅读侦探推理游戏，突破你的思维瓶颈，激发你的推理潜能，引发你的思维风暴，提高你的分析力、挑战力、创造力和想象力，让你在游戏中越玩越聪明。

成为一名合格侦探的必备条件如下。

(1) 对任何小问题都持有好奇心。

(2) 能够随机应变，随时准备好应付外界的一切变化。

(3) 要熟知心理学，尤其是犯罪心理学。

(4) 要具备法医学、鉴识科学等知识基础。

(5) 具备敏锐的反射神经，能把握住瞬间即逝的时机。

(6) 与其会说话倒不如会听话，能从别人的证词中发现线索。

(7) 即使是从未见面的人，也能在第一次见面后就记住他的长相。

(8) 具备敏锐的观察力，善于勘测现场，寻找证据。

(9) 具备超强的推理能力，能将零碎的信息合理地拼接组合成符合事实的过程。

(10) 不用主观的意见来判断事情，只有具备了证据的事实才是真实的。

你所具备的条件越多，你就越适合做一名侦探！

编　者

目　　录

第一篇

疑案巧侦破

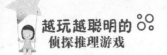
1. 偷吃鸡蛋

早上，妈妈煮了三个鸡蛋给三个孩子吃。可是在去厨房盛粥的空当，放在桌子上的鸡蛋被三个孩子中的一个偷偷吃掉了。妈妈问是谁偷吃的，三个孩子都不承认。妈妈很生气，非要找出是谁干的。于是，妈妈拿来一杯水和一个空盘子，很简单就试出了到底是谁偷吃了鸡蛋。

你知道妈妈是怎么做到的吗？

2. 不在场的证明

一家珠宝店打电话报警说两名歹徒抢了价值数百万元的珠宝后，刚刚乘坐一辆黑色"本田"车逃跑，并告诉了警察车牌号码。

警察马上开着警车向距离警察局大约5公里远的案发现场赶去。刚出警察局的大门，就差点撞到一辆正在路上缓慢行驶的汽车。对方马上下车向警察赔礼道歉，警察一看这辆车，发现有些不对：本田，黑色，连车牌号都同刚才报案的车牌一致。可这里距案发现场还有一段距离，劫匪是不可能在这么短的时间赶到这里的。

这究竟是怎么回事呢？

3. 消失的杯子

初冬，外面有一点点冷，小明穿着一件厚外套，围着一条毛线编织的围巾来到好朋友小刚家。

"好久不见了，我们喝点饮料吧！"小刚很热情，拿出了两个带柄的玻璃杯。可打开冰箱一看，饮料喝光了。"稍等一下，我下去买。"

小刚来到楼下经常光顾的小店，选了一款饮料，又选了几样零食，十几分钟后就回到了家。正要倒饮料，却发现玻璃杯不见了。"咦，刚才还在这儿的！"

"哈哈，趁你刚才买饮料的工夫，我把它们变到了楼下，你上来时没看到吗？"小明打趣道。

"怎么可能？你又没有下楼。就算你直接从窗户往下扔，也会摔碎的，这可是九楼啊！"可小刚从窗口往下一看，发现楼下的空地上有两个闪亮亮的东西，可不正是家里的玻璃杯嘛！

你知道小明是怎么把两个玻璃杯在没下楼的情况下完好地转移到楼下的空地上的吗？

4. 车牌号码

一天清晨五点左右，一位过马路的女子被一辆疾驰而过的汽车撞倒在地。

司机见附近没有什么人，便没有救援而是逃逸了。被撞的女子仰面朝天地倒在地上，不久后被另一辆经过的车的司机送往医院。可她由于伤势过重，只说了车牌号是8961就死了。

警察很快找到了那辆牌号为 8961 的汽车，却发现车主的车前段时间出了故障，这几天一直在修理厂，根本无法外出。

这到底是怎么回事呢？

5. 哪个是警察

一天晚上，小明走在放学回家的路上，看到前面有两个人背对着自己，并排向前走。仔细一看，发现他们中间的两只手被一只手铐铐在一起。原来是一名便衣警察抓住了一个小偷，怕他跑掉，就和他铐在一起回警察局。可是由于天色昏暗，警察身上也没有什么明显的标志，分不清哪个是警察哪个是小偷。

你能帮小明判断一下到底哪个是警察吗？

6. 巧断失窃案

某地发生了一起失窃案，警察在失窃现场附近找到了一名嫌疑人，便把他带到了警察局。没想到他是个聋哑人，无论警察说什么，他都听不懂。警察只好对他做了书面盘问，如果他真的是个聋哑人，他就不是小偷。于是，聪明的办案人员说了一句简单的话，就拆穿了小偷伪装成聋哑人的伎俩。

你知道办案人员是怎么说的吗？

7. 谁是嫌疑人

有五名探险者去深山寻找宝藏，其中只有队员甲知道宝藏埋藏的准确地点。一天傍晚，他们五人分别在河两岸的五个不同的地点扎营休息。当天晚上，队长不时地用手机与大家联系。但是由于山中信号不好，手机只能在帐篷中通过特殊装置放大信号之后使用。在晚上 10:30 以后，他没有收到队员甲的应答。于是队长又同其他三名队员进行了联系，询问了他们三个人的具体情况。

第二天早晨，大家集合的时候，甲没有到。大家到甲的帐篷里去找，发现甲晕了过去。他是被人打晕的，犯罪现场的证据表明有人乘船到达队员甲的帐篷并把他打晕的。而在当天晚上，每位队员都有使用独木舟的机会。队长怀疑是三个队员中的某人为了得到宝藏的准确位置而伤害了甲。但是根据下面的事实，队长排除了其中两名队员的嫌疑。

(1) 队员甲是在前一天晚上 10:30 之前在他的帐篷里被打晕的。

(2) 嫌疑人去队员甲的帐篷和返回自己的帐篷都是乘独木舟的。

(3) 队员乙的帐篷扎在甲的帐篷的下游，丙的帐篷扎在甲的帐篷的正对岸，丁的帐篷扎在甲的帐篷的上游。

(4) 河水的流速很快。

(5) 顺水而下需要 20 分钟，逆水而上需要 60 分钟，而到河对岸需要 40 分钟。

(6) 对于队长的手机呼叫，各人的应答时间如下。

应答者	应答时间(晚上)
乙	8:15
丙	8:20
丁	8:25
甲	9:15
乙	9:40
丙	9:45
丁	9:50
乙	10:55
丙	11:00
丁	11:05

在这三人中，仍被队长作为怀疑对象的是谁呢？

8. 塔顶的夜明珠

大理有个佛光寺，寺里有座宝塔，塔顶上有一颗闪闪发光的夜明珠，寺庙也因此而得名。一年中秋节，寺院的方丈外出化缘，留下两个徒弟看守寺院。

半个月后，老方丈化缘归来，发现塔顶上的佛珠被人偷走了，便叫来两个徒弟询问。大徒弟说："昨晚我上厕所，借着月光，看见师弟爬上塔偷走了夜明珠。"小徒弟争辩道："我昨晚整夜都睡在禅房里，根本没起来过，佛珠不是我偷的。好像自从师傅走后，夜明珠就没有发过光。"老方丈听完两人的叙述后，便知道谁偷了夜明珠。

你知道是谁偷的吗？

9. 两份遗嘱

一位富翁去世后，突然出现了两份遗嘱，两名受益人带着遗嘱去打官司。其中第一份遗嘱是用打字机打出来的，工整清楚，语言逻辑性强；第二份遗嘱是手写的，字迹很像是富翁的，里面提出否定第一份遗嘱，并且强调是躺在床上仰面写成的，所以上面的圆珠笔字迹有些凌乱。陪审团很多人都认为第二份遗嘱是真的可能性很大，这时有一名律师出来用事实证明第二份遗嘱是假的。

你知道他是怎么看出来的吗？

10. 外出旅行

在一栋小洋房里，空无一人。桌子上有一张字迹潦草的纸条，上面写满了外出旅行的目的地和时间规划。看样子房子的主人似乎去旅行了。发现异常的人是房主的邻居，据她所说，这个房主没有子女，丈夫在几年前也去世了，只有家里的一条狗与她相依为命。那条狗被绳子拴在床脚旁，几天都没有吃东西，饿得嗷嗷叫。邻居还告诉刑警："这名女士长年一人居住，她生前最爱这条狗，把它当亲儿子一样。"刑警听了以后，深思一番，说："如果是这样的话，那她就不是外出旅行。"请问，这是为什么呢？

11. 谁是小偷

一天，李经理从北京出发去广州办事。他乘坐的卧铺车厢里的其他三人分别去往郑州、长沙和武汉。

列车运行到石家庄站的时候，停车 15 分钟，四人均离开了自己的铺位。在列车重新启动前，李经理回到铺位，却发现自己的手提包不见了。他急忙去报告乘警，乘警调查了其他三位乘客。

去郑州的乘客说，停车时他下去买了些早点；去长沙的乘客说，他到车上的厕所方便去了；去武汉的乘客说，他去另一车厢看望同行的朋友了。听完他们的叙述，乘警认定是去长沙的乘客偷了李经理的手提包。

你知道为什么吗？

12. 特级教师被袭

有一天晚上 9 点前后，特级教师于老师在家里批改学生的作业时，被人用木棒从背后打晕。书桌上只有一堆作业和一盏亮着的台灯，并且窗户紧闭。

报案的是住在于老师对面公寓的刘夏。他向赶到现场的警方描述了当时的情况："那时候我刚洗完澡，正站在窗户旁想呼吸一下新鲜空气，当我从房间向外看时，无意间发现于老师书房的窗口有个影子，似乎举着什么东西向他攻击，我感觉不妙，所以就报警了。"

刑警听了以后却说："你说谎!你就是案犯！"说罢便将刘夏逮捕归案。

警察是怎么发现他说谎的呢？

13. 奇怪的陌生人

一场混乱的枪战之后，某社区诊所中冲进来一个年轻人。他对医生说："我刚才过马路的时候，碰见了两个警察在追一个逃犯，我也想帮帮忙，但是那个逃犯很厉害，两个警察都被他杀死了，我也受了伤。"医生检查完伤口，说："幸好伤口不深。"于是从他背部取出了一枚弹头，并拿出一件病号服让他穿上，然后又将他的右臂用绷带绑在胸前。

这时，一名警察和一个陌生人跑了进来，陌生人喊道："就是他！"警察拔出枪对准了年轻人。年轻人忙说："我是帮你们追捕逃犯的。"陌生人说："你背部中弹，说明你就是逃犯，还想抵赖！"这时，在一旁观察了很久的医生说："这个年轻人不是逃犯。"

那么谁是真正的逃犯呢?

14. 奇怪的失踪案

某富翁去海边度假,他租了一间靠海的公寓。公寓只有一扇窗和一扇门。几天后,当警察小心翼翼地打开被反锁的门后,发现富翁失踪了。警察开始向周围的人了解情况。公寓外卖花的小贩说,富翁在每个星期四晚上都要去他那里买 9 朵红色的玫瑰,几个月来从未间断过,可是这两个星期他都没去。已知富翁买的花都装在一个花瓶里,放在狭窄的窗台上,花都枯萎凋谢了,初步推断富翁失踪至少 8 天了;房间里的地毯一直铺到离墙角 1 英寸的地方;在地板、窗台和地毯上只有一点灰尘,并且只在床上发现了血迹。

根据这些情况,警长判断,有人配了一把富翁房间的钥匙,他开门进去,打晕了正站在窗边的富翁。然后,罪犯打扫了房间,清洗了所有的血迹,再把尸体挪到床上,制造了自杀的假象。

警长为什么这么判断呢?

15. 聪明的警长

在一所乡村旅馆中发生了一起盗窃案。失主是一位妙龄女郎,丢了几件价值不菲的珠宝,包括一枚订婚戒指。警长向侦探介绍说,这位女郎名叫刘丽,上周刚和一位军官完婚;他们在公园街有一套小公寓。嫌疑对象很可能是刘丽的前男友王刚。刘丽曾与王刚相好,但最后却选择了那位军官。

探长决定独自去探探王刚的情况,临走前他故意将一支钢笔扔在了旅馆中刘丽住的房间的床上。

王刚独自一人住在自己的修车店,探长一进门就问:"你知道刘丽的订婚戒指被偷了吗?"

"啊!不,不知道啊。"王刚气喘吁吁地说。

"嗯,不知道就好。"说着探长伸手到上衣口袋中摸笔做记录。"啊,糟糕,我的笔一定是掉在刘丽的房间了。我现在得马上去办另一件案子,顺便告诉警方你与此案无关。你不会拒绝帮我找回钢笔,并送回警察局吧?"

王刚只好无可奈何地答应了。

当王刚把钢笔送到警察局时,他立即被逮捕了。

你知道是为什么吗?

16. 两个嫌疑人

葛顿探长登门拜访黛妮,他按了一下门铃,没有人理会。

黛妮的门上装的是自动锁,一旦装上,除非有钥匙,否则外面的人是根本进不去的。葛顿感到奇怪，便请管理员把门打开。他进去一看，只见黛妮穿着睡衣，被人打晕了，倒在地上。经推测，案发时间大约是在昨晚9点。

经调查，昨晚9点前后有两个人来找过黛妮小姐，一个是她的男朋友，另一个是她的学生，这个学生是当地的流氓。在询问这两个可疑分子时，他们都说自己按了门铃，见里面没人答应，以为黛妮不在家，都没有进去。

听了他们的诉说，葛顿想起黛妮小姐的房门上有个小小的窥视窗，于是他立刻认准了谁是真正的罪犯。

你知道谁是罪犯吗？

17. 汽车抢劫案

一天深夜，王刚下班开车回家。在一条偏僻的小路上，突然两个前轮胎被扎破了。当王刚下车查看轮胎的时候，从旁边的丛林中跳出了四个蒙面大汉，他们把王刚身上所有的钞票和值钱的东西洗劫一空后，逃跑了。王刚只得步行向前走。走了不久，前面有一个加油站。王刚对那里的加油员说自己刚被抢劫，希望能帮他报警，并再买两个新轮胎。加油员答应了他的请求并帮他打电话报警。

过了一会儿，警察来了。王刚向警察描述了被抢劫的经过，他的车子也换上了新轮胎。警察走到加油员面前说，你就是劫匪。

你知道警察为什么这么快就断定加油员就是劫匪吗？

18. 怀疑的对象

哈莱金接过一份报告，看了一会儿，对警长说："根据验伤报告，特里德太太是两天前在她的厨房中被人用木棒打伤。这位孤独的老妪多年来一直住在某山顶上破落的庄园里，与外界几乎隔绝。你想这是什么性质的案件呢？"

"哦，我昨天凌晨4点钟就接到一个匿名电话，报告她被人袭击了，我以为是一个恶作剧，直至今天还没有着手调查。"警长莫纳汉尴尬地说道。

哈莱金道："那么我们现在去现场看看吧。"警长将哈莱金引到庄园的前廊说："老太太连电话都很少打。除了一个送奶工和邮差是这里的常客之外，唯一的来客就是每周一次送食品杂货的男孩子。"

哈莱金紧盯着放在前廊里的两摞报纸和一只空奶瓶，然后坐在一只摇椅上问："谁最后见到特里德太太？"

"也许是卡森太太，"警长说，"据她讲前天早晨她开车经过时还看见老太太在前廊取牛奶呢。"

哈莱金道："罪犯实在没料到你会拖延这么久才开始侦破！这回我们有怀疑对象了。"

请问哈莱金怀疑谁是凶手？

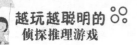
19. 找宝箱

　　小明和妈妈玩藏宝游戏。两人选定一棵大树，妈妈从树下向东走了 10 步，埋下了一个"宝箱"，小明从树下向西走了 10 步，也埋下了一个"宝箱"。过后他们把这件事忘记了。直到五年以后，他们才想起这件事来。他们决定一起去挖自己当年埋起来的"宝贝"。妈妈从那棵大树向东走了 10 步，挖了一会儿，挖出了自己的"宝箱"。小明从树下向西走了 10 步"，可是挖了半天也没有挖到自己的"宝箱"。你知道小明的宝箱去哪里了吗？

20. 教授的暗示

　　马克警长应数学教授罗伊的邀请，在约定的时间来到他的家中。他正准备按门铃，却发现大门虚掩着。马克警长推门走了进来，发现客厅里没有人，只有一台打开的笔记本电脑。屏幕上显示的是计算状态，上面输入着"101×5"。马克很奇怪，这么简单的算式，就连小学生都可以口算出结果，一个数学教授绝不会需要用计算机来计算的。

　　突然，马克警长好像想起了什么，马上拿出手机拨通了警察局的电话。你知道这是为什么吗？

21. 接头暗号

　　过完元旦不久，一天，警方接到群众举报，说有一犯罪团伙要在近期接头，接头暗号为"一腊酉塔"。按以往调查的证据来看，这个犯罪团伙的接头暗号一般都暗示有接头的时间和地点。但当地只有一座博雅塔，接头暗号里的"塔"应该指的就是接头地点"博雅塔"了，那接头的时间又是什么时候呢？

22. 逃逸的汽车

　　一辆汽车肇事后逃跑了，警长立即赶到了出事地点。

　　一位见证人说："当时我正在开车，在反光镜中发现自己车的后面有一辆车突然拐向小路，飞驰而去，很不正常。所以，我顺手记下了那辆车的车牌号。"

　　警长说："那可能就是肇事的车，我马上叫警察搜捕这辆 18UA01 号车！"几小时后，警察局告知警长，见证人提供的车号 18UA01 是个空号。现在已把近似车号的车都找来了，有 18UA81 号、18UA10 号、10AU81 号和 18AU01 号共四辆车。

　　警长看了看所有的车号，终于从四辆车中找出了那辆肇事车。

　　你知道是哪个吗？

23. 假币

　　小明的妈妈在早市卖水果，这天很早就回到了家。"今天的生意特别好，快来看看我今天的收获。"小明跑了过去，接过了妈妈拿出来的一沓人民币开始数起来。

数着数着，小明突然发现一张一百元的人民币是假币。制作得和真币很像，就是颜色要比真币浓重一些。妈妈接过假币一看，直拍脑袋："我怎么就没有注意到呢！"

"这里百元的钞票只有 6 张，你仔细想想到底是谁给了你这张假币？"小明提醒妈妈道。

"今天用百元钞票买水果的人一共有 3 位，因为都是大客户，所以我记得很清楚。第一位是个年轻姑娘，买了个 188 元的果篮，给了我两张一百元的；第二位是个中年男子，买了两箱价值 298 元的进口水果，给了我 3 张一百元的；第三位是一个二十出头的小伙子，买了 120 块钱的热带水果，给了我一张一百元的和一些零钱。"妈妈认真回忆道。

"我知道了，一定是那个二十出头的小伙子给你的假币！"小明马上断定说。

你知道小明为什么这么说吗？

24. 两万英镑

上午 9 点 20 分，米西尔刚走进办公室，电话铃便响个不停。他拿起话筒，"约翰、约翰……"话筒里传来妻子狄娜的抽泣声。这时，话筒里又传出一个男子故意变调的声音："米西尔，要是你不想你太太受伤害的话，就拿出两万英镑。10 点 15 分，有个叫威克思的人来找你，把钱交给他，就没你的事了。否则，你的妻子……"说到这里，"咔嚓"一声，电话挂断了。

妻子的抽泣声一直萦绕在米西尔的耳边，好像鞭子抽打着他。他忙离开办公室，走进一家百货商店，买了一只蓝色的小皮箱，然后到银行取出两万英镑，回到了办公室。到了 10 点 15 分，一个男子走进办公室，两只眼睛凶狠地盯住米西尔，说："我叫威克思，快把钱给我！""我的妻子呢？"米西尔试探地询问道。"她活着，你想报警也可以，不过那样的话，"说到这里，威克思目露杀机，逼视着米西尔，"你的妻子就没命了！"

威克思一离开，米西尔便往家里挂电话，可是怎么打也打不通。"妻子会不会……"他急疯了，横下心向警察局报了案，随后冲下楼，坐上汽车，火速开往家里。当他好不容易赶到家中的时候，惊魂未定的狄娜平安无事，正与赶来的警官在交谈。

"哦，米西尔先生，您太太已把事情经过全告诉我了，什么一个男人和一个您给那人的那只装钱的蓝色皮箱，但她怎么也讲不清。现在请您详细讲一讲，到您办公室去的那个男子的外貌特征，以及您给他的那只装钱的皮箱是什么样子的。"米西尔忙把事情的经过从头至尾、原原本本地叙述了一遍。

半夜三更，夜深人静，米西尔和妻子狄娜一边喝酒，一边亲切地交谈着。喝着、说着，突然米西尔"呼"地从椅子上弹了起来，给警察局打电话。"约翰，怎么啦，你发现了什么新线索？"狄娜问道。米西尔的脸变得铁青，说："是的，我请他们来审问你！"狄娜大吃一惊："我？亲爱的，你喝多了！""别演戏了！我现在非常清醒，你和那个叫威克思的家伙串通一气来敲诈我。"米西尔怒不可遏地叫道。

果然，在警官的审问下，狄娜只好交代了实情。

请问米西尔是如何知道的呢？

25. 化学家捉贼

笛卡儿是一位知名的化学家，在他居住的镇子上无人不知。他研制的一些化学品得到了一大笔奖金，招来了一些窃贼的惦记。

一天夜里，一个小偷悄悄地钻进笛卡儿的家中，翻箱倒柜找出了不少现金和值钱的东西。正打算离开，偶然瞥见书桌上有多半瓶高档名酒。这个小偷正巧是个酒鬼，爱酒如命，抓起酒瓶咕咚咚喝了几口。

就在此时，门外有动静，笛卡儿回来了。小偷慌忙放下酒瓶逃走了。慌忙之间，笛卡儿也没有看清小偷的模样。

笛卡儿发现家中被盗，马上报了警。警察赶来后调查一番，没有发现任何有用的证据，大概是小偷戴着手套吧，一点指纹都没有留下。

笛卡儿看到书桌上打开的酒瓶，断定小偷喝了几口酒，便计上心来。他以化学家的身份写了一份声明，发表在当天的报纸上。隔天，小偷看到了声明，马上就带着全部赃物投案自首了。

你知道小偷为什么会投案自首吗？

26. 有经验的警察

张先生一家人出去旅游，回来的时候发现家中被盗。现场所有的柜子和桌子的竖排抽屉都是开着的，值钱的东西全部被偷走了。一个很有经验的警察查看了一下现场之后，便说这个小偷一定是个惯偷！

你知道警察为什么这么说吗？

27. 半夜异响

一天夜里，一位失眠的老画家在家里听到了异常的声音。第二天起床后，他发现家里丢了一幅名贵的画，于是马上找来了侦探。侦探询问异响发生的具体时间时，老画家回忆道："我也不知道是什么时候，先是听见钟表敲了一下，然后过了一阵又敲了一下，再过了一阵又听到钟敲了一下，就在这时候听到了一声异响。"已知老画家家里的钟表在整点的时候会报时，时间到几点钟就敲几下，并且每到半点时也敲一下。

你能推出当天晚上异响发生的具体时间吗？

28. 职业小偷

小李是一个从未失过手的职业小偷。某一天，他溜到公交车上去作案。他先偷了一位西装革履的男子的钱包，又接连偷了一位中年女子和一位白发苍苍的老太太的钱包。他兴高采烈地下了车，躲进角落里清点刚才的"战果"，发现三个钱包里总共不过 600 元，接着他又叫骂起来，原来他自己的钱包也被盗，那里面装着 5000 多元啊!不过最让他生气的是，居然被人要了一把:那个偷他钱包的人还在他的口袋里塞了一张纸条，上面写着:"让你尝尝我的厉害，也不看看你偷的是谁!"

大家猜猜看，那三个人中，究竟是谁偷了小李的钱包呢?

29. 嫌疑人的破绽

某地警方接到线人的可靠消息，在一个迪厅里有人正在进行违法交易，警方立即出动抓捕犯罪嫌疑人，但是没有抓到犯罪集团的头头。后来有匿名人举报说，犯罪集团的头头藏匿在一栋豪华别墅里。警方派出便衣监视这栋别墅，发现房子里面的情况如下:一位老绅士，他除了早晚在房子外打太极拳外，整天都待在屋里;照顾老人饮食的厨师，他每天骑着自行车定时定点去采购，先去菜市场，再去调料店，最后去水果店，经常带大包小包回来;还有一个管家，有时也会出来买些东西，但看不出有犯罪的迹象。警员们通宵地分析，终于功夫不负有心人，警员们从表象上的线索发现了犯罪嫌疑人的破绽，一举破案。

你能猜出谁是罪犯吗?

30. 整形的通缉犯

安娜是一名整形医生，在一家整形医院工作。一天，一位客人来到医院要求整形，奇怪的是他竟然没有任何要求，只是说和原来不一样即可。

安娜终于想起来前几天看到电视新闻里说有几名越狱的通缉犯，仔细一辨认，此人正是其中之一。怪不得他要求和原来不一样，原来是怕被人认出来。

于是安娜开始给这名通缉犯做整形手术。手术非常成功，看到镜子里陌生的脸，通缉犯很满意。

过了没几天，这名通缉犯就被警察抓到了。奇怪的是，从始至终，整形医生都没有报过警。这到底是怎么回事呢?是谁认出了通缉犯?

31. 清晰的手印

一所公寓内发生了一起盗窃案，丢失了很多财物。警察来到现场取证，发现浴室的玻璃门上有一个非常清晰的手印。五个手指的指纹全部正面紧贴在一尘不染的玻璃上，连手掌的纹路都清晰可辨。一名警察小心地收集着上面的指纹，老练的警长看了一眼就说:"这个手印用处不大，很可能是为了误导警察而伪造的。"

你知道警长为什么这么肯定吗?

32. 骗保险金

一天，一个邮票爱好者报警说，自己的一张价值连城的邮票被盗了。警察马上赶到了报案人的家中，只见房屋的大门和放邮票的玻璃展柜门都有撬开的痕迹。失主告诉警察，自己外出回来，就发现屋子的门被撬开，自己最珍贵的一枚邮票不见了，说着指了指邮票展柜中的一个空位说，那枚价值连城的邮票原来就放在那里。

"你的其他邮票也蛮珍贵的嘛！"警察说道。

"那是，一般的邮票我才懒得收藏呢！我丢的那枚更值钱，我投了100万元的保险呢！"

"你要和我们走一趟了，我怀疑你是为了骗取保险金。"警察说。

你知道这名警察的判断依据是什么吗？

33. 谁报的警

一天夜里，一个小偷来到某公寓，按了下6楼一个房间的门铃，只听里面传出一个女人的声音："等一下，我去开门。"

不一会儿，门开了，露出一张漂亮的脸蛋。小偷一下钻进屋子里并用背顶住门关了起来。女子一脸惊恐："你是谁？你要干什么？"

小偷拿出一把刀，威胁女子不要喊叫，并用绳子把她绑在了椅子上。然后小偷开始四处翻找值钱的东西。在女子的手提包里找到了2000元现金和一把钥匙，就在小偷刚要用钥匙打开墙角的保险柜时，房门突然打开了，冲进来几名警察。

就这样，小偷被带走了。到最后，小偷也想不出，房间的隔音效果还不错，女子从始至终也没有大声叫喊过，到底是谁报的警呢？

34. 及时赶到的警察

一名劫匪闯进一名单身女孩的家中抢劫，当时女孩正在电脑前上网聊天。女孩看到闯进的陌生人惊恐万分，刚想叫喊，就被劫匪打晕了。劫匪在屋子里四处翻找值钱的物品，把所有的现金和首饰搜刮一空。这时，劫匪发现厨房里有刚做好不久的饭菜，正好饿了，就从容镇定地吃了起来。

就在此时，几名警察冲了进来："不许动，你被捕了！"劫匪很好奇，他自认没有惊动任何人，为什么警察会这么及时就赶到了呢？

35. 细心的保安

博物馆正在展出一位大师的画作，恰巧赶上周末，天气也很晴朗，很多人都前来参观。一个女贼手里拿着一把遮阳伞也混了进去，并趁人不注意躲在了展厅角落的洗手间中。等到闭馆后，展厅里空无一人时，女贼蹑手蹑脚地出来，从伞柄中取出了一幅赝品画作，并把真品卷好藏在了伞柄中。恰巧此时外面下起了大雨，风雨声掩盖了盗贼盗窃的声音，她的这一行动没有引起任何人的注意。女贼照例再次藏在了洗手间中。

第二天早上，雨还在下，前来参观的人却没有少多少。女贼趁人不注意溜出洗手间，拿着自己的雨伞准备神不知鬼不觉地离开博物馆，却被门口的保安拦住了，带到了保安室。经过一番搜查，保安找到了被偷的画作。

你知道这名细心的保安是如何发现女贼破绽的吗？

36. 破绽

夏天的中午，天气很热，一位富商要在广场上进行慈善演说活动。这位富商颇受争议，据说有人还扬言会在现场对他不利。于是富商找来了私家侦探帮助自己找出想伤害他的人。

广场上人来人往，十分热闹。侦探观察了一下周围的环境，指着一位正在旁边花坛里浇花的园丁对警察说："他就是嫌疑人。"

你知道侦探是怎么分辨出来的吗？

37. 说谎的嫌疑人

一家工厂放在保险柜里的 10 万元现金被盗，警察接到报警后很快赶到了现场。

保险柜所在的这间办公室在一楼，后面的窗子被打碎了，碎玻璃溅得满地都是，看来小偷是从这扇窗子跳进来作案的。

警察询问当晚值班的保安："玻璃被打碎了，难道你晚上没有听到声音吗？"

保安回答说："昨晚下了很大的雨，还打了雷，估计小偷是在雷声的掩护下作案的。"

警察点了点头，表示赞同，又问："你有巡逻过现场吗？"

保安说："有的，我每天都是在半夜 12 点的时候把每个房间都巡查一番，并拉上所有的窗帘。昨天我也这样做了，并没有发现任何异样。我想小偷一定是在后半夜作的案。"

警察冲保安冷笑一声，道："你不要狡辩了，你就是那个小偷！"

你知道警察为何会做出这个判断吗？

38. 隐藏的嫌犯

一个冬天的深夜，侦探阿飞在路上走着，突然发现一个人影从一家珠宝店里蹿了出来，紧接着后面追出两个人，一边追一边喊："抢劫了！"阿飞也朝黑影追了过去。

追了好长一段路，只见黑影钻进了一个地铁站，阿飞气喘吁吁地跟着跑了进去。发现里面只有七个人，体型和刚才的罪犯都比较相近。

其中有两个人像是夫妻，正在争吵着什么；第三个人一边等车一边看书；第四个人头上盖着一张报纸躺在椅子上休息；第五个人坐在座位上冻得发抖，并不停地搓手；第六个人在一个角落里原地跑步取暖；第七个人则望着地铁来的方向，焦急地等着。

地铁没有别的出口，那么哪个人会是抢劫犯呢？

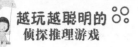
39. 开玩笑

星期天，阿飞骑着自行车去公园玩。公园里有很多孩子，有的在放风筝，有的在玩滑板，有的在捉迷藏……突然阿飞觉得肚子不舒服，就用钢圈锁锁住车子的前轮，自己进了厕所。

可是过了五分钟他出来以后，却发现自己的自行车不见了。旁边玩耍的孩子笑嘻嘻地看着他。他知道一定是这些孩子中某个人的恶作剧。

你知道是哪个孩子做的吗？他是如何做到的？

40. 小偷的破绽

深夜，小偷撬开了一户人家的大门，发现屋子的主人可能去长途旅行了，短时间不可能回来，便放心大胆地开始行窃。他先大摇大摆地开了灯，细心地翻遍了所有的抽屉、文件柜、保险箱。临走前还不忘把自己摸过的所有的地方都细心地用布擦了一遍，最后关上房门离开了。

他心想直到屋主回来之前都不会有人知道这间屋子被盗。可是没想到刚走出没几步就被警察抓到了。

你知道这是为什么吗？

41. 谁偷的文件

一个在中国经商的日本人刚买了一艘游轮，便带着几个部下一起出海游玩。没多久，这个日本商人就发现船上的一份重要文件不见了。嫌疑人有五个人。第一个人是船长，负责开船。第二个是厨师，负责做饭，但案发时不是准备膳食的时间，所以他一个人在睡觉。第三个是他的助理，说案发时自己在换国旗，由于新买的船需要将原来的国旗换成日本国旗。本来早就应该做完的，后来发现国旗挂反了，就放下来重新挂了一遍。第四个人是他的儿子，第五个人是他的女儿，两个人说他们在一起打牌。

根据这些证供，你知道文件是谁偷的吗？为什么？

42. 林肯智斗歹徒

据说，在林肯还没有当总统的时候，一天晚上，他走在回家的路上，遇到了一名歹徒。歹徒手里拿着一把左轮手枪，指着林肯的头厉声喝道："老实点，把身上值钱的东西都交出来！"

林肯知道此时自己处于弱势地位，也就不做那些无谓的反抗了，乖乖地掏出钱包交给了歹徒。

歹徒很是得意，不费吹灰之力就成功拿到了钱。这时，林肯对歹徒说："先生，我今天刚发的工资，我老婆看到我没有拿钱回家会怀疑我藏私房钱的，能不能麻烦你在我的衣服和帽子上打几枪，让她知道我确实是被抢劫了。"

歹徒同意了，接过林肯的帽子和大衣，分别开了三枪，然后还给了林肯。就在这时，林肯突然一拳打在歹徒的头部，接着拳打脚踢，歹徒一下就晕了过去。林肯拿回自己的钱包，笑呵呵地转身走了。

你知道林肯为什么要这样做吗？他不怕歹徒开枪打他吗？

43. 破绽在哪儿

李四是个收藏家，家里收藏了许多价值连城的字画古玩。一天，李四要出远门，就拜托邻居照看一下家里。当天夜里，邻居就报警说有人把李四的家洗劫一空。警察来到案发现场，发现李四的屋子里有翻动的痕迹，还丢失了几件非常值钱的艺术品。邻居录口供时介绍了当时的情景："我受李四的委托帮他照看屋子，突然从他家窗户发现他家里有光亮，就赶紧跑过去看。当时外面下着雪，窗户上结了一层冰，我赶忙呵了几口热气把冰融化，才看到屋子里有个黑影在翻找东西。于是我就冲过去阻拦，没想到还是让他逃跑了……"

警察打断他的话，说："其实一切都是你一个人做的，对不对？"

你知道邻居的破绽在哪儿吗？

第二篇

金睛辨是非

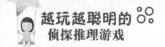
44. 新手小偷

一天夜里，一个小偷第一次入室盗窃。这是一栋富人的宅院，家里没有人。于是小偷用万能钥匙打开门，大摇大摆地走进去，打开电灯，来到书桌旁，打开抽屉。发现抽屉里没有什么值钱的东西，就什么都没动关上了。接着他打开保险柜，拿走了里面的钞票和首饰，并关上了保险柜的门。其他的地方都完全没动，临走时还特意用随身携带的手绢擦掉了自己所有摸过的地方。最后用腿把门带上。

小偷很得意地想："除非有人开保险柜看到钱不见了，否则不会有人知道我来过！"

没想到第二天一大早，第一个回到家中的人就发现昨晚有人进来过。

你知道这个小偷究竟哪里露出了破绽吗？

45. 谁在说谎

一名劫匪抢劫了一家珠宝店，正好附近有一个巡逻的警察及时赶到，在作案现场附近抓到了几个嫌疑人。在讯问的过程中，几个人的供词分别如下。

第一位说："什么？抢劫？什么时候的事？中午十二点半？那时我正在前面那家小吃店吃面，吃完了发现外面下起了雨，我躲了一会儿雨。雨停了我才出来，可没走多远就被抓了。"

第二位说："我和女朋友一起逛街，突然下起了大雨，我们只能待在店里。等雨停了我们才分手各自回家，还看到那边有一道彩虹呢！"

第三位说："我不知道什么抢劫，我在附近的小店里躲雨，天晴了以后我发现有一道彩虹，很漂亮。我最喜欢彩虹了，就一直盯着看了半天。可能时间太久了，被太阳照得很刺眼，就打算回家休息一会儿，没想到被你们抓来了。"

警察想了想，说这三个人中有一个在说谎！

你知道谁在说谎吗？

46. 隔壁的通缉犯

丽丽外出旅游，住进一家五星级宾馆。这天回宾馆时，丽丽发现一同出电梯的人竟然很像一名通缉犯。而且这个人就住在丽丽隔壁的房间里。

进了房间后，丽丽很担心，不知道该怎么办。如果那个人不是通缉犯，而盲目报警的话，总觉得不太好。正在这时，她听到隔壁房间有人说话，因为墙壁隔音，所以听得不是很清楚。她拿起一个杯子，扣在墙上，还是无法听清。

丽丽心想，如果可以听到对方说话，就可以从中判断出他到底是不是通缉犯了。没办法，她只好打电话给前台，通知了他们这个情况。

不一会儿，前台派来了一名医生。医生走进来之后，用了一个很简单的方法，就听清楚了隔壁房间里那人说的话，他确实是通缉犯。

报警后，那个通缉犯很快就被赶来的警察抓了起来。

请问，医生是怎么做到的呢？

47. 只差五厘米

特工 007 在某国搞到了情报后准备转移的时候，被该国安全部门盯上了，情报需要尽快转移才能确保安全。

这天，特工 007 与 008 约定好了接头地点，费了好大劲才甩开跟踪的敌人，来到一栋 30 层大厦的天台上。而 008 此时正在对面的同一层天台上。特工 007 打算把带有情报的芯片交给 008，可是由于误判了两栋大厦的距离，两人身体都悬出楼外，还是差大约五厘米的距离够不到芯片。由于芯片比较小又比较轻，无法扔到对面去。而敌人马上就会追来，这该如何是好呢？最后特工 007 想到了一个好办法，终于将芯片交给了 008。

你知道 007 是如何做到的吗？

48. 不在场的证明

一个盗贼溜进珠宝展览馆，趁没人的时候，偷走一枚价值连城的珍珠项链后扬长而去。幸好这一切都被监控录像拍下了，可以清楚地看清盗贼的模样。警方通过监控录像里的画面，发布了悬赏。

没过几天，有人向警察局报案称见到了悬赏的那名窃贼，并提供了准确地址。

警察赶到后，确实是那个人，但是经过调查却发现，这个人在案发时一直在某餐厅吃饭，有餐厅的老板和服务员可以为他作证。另外，根据现场留下的指纹对比，指纹也不是他的。

警察马上给同事打电话，让其帮忙查一下这个人的户口簿，果然印证了警察的想法。不久，盗贼就被抓到了，确实不是这个小伙子。

请问，这到底是怎么回事？

49. 骗保险

一天早上，警察局接到报案，富翁王先生称自己家中被盗，丢失了一件珍贵的艺术品。警方马上派人到现场调查。

房门正对着的是客厅里的一台电脑，王先生称丢失的艺术品原来是放在门口旁边架子上的，现在那里空空如也。

警察询问当时的情节，王先生说："昨天晚上我一个人在家中玩电脑，透过电脑的屏幕我突然发现后面有一个人影。于是我马上打开灯查看，发现门不知道什么时候打开了，门口的艺术品也不见了。"

警察说："这件艺术品很值钱吧？你上过保险吗？"

王先生说："是的，因为是大师的作品，所以上了 300 万的保险。"

警察说："那么，这件事就很明确了，你只是想骗保险金吧！"

你知道警察是如何发现破绽的吗？

50. 意外还是纵火

王先生的公司因偷税漏税要接受税务局的调查，所有资料已经封存，只等税务局来人检查了。不巧，这天夜里，公司突然发生了一场火灾，把办公室里的所有东西都烧成了灰烬。

警方很快赶到现场，询问唯一的目击者王先生："你是火灾的目击者，请给我们描述一下当时的情景吧！"

王先生惊魂未定地回答说："当时我正在开我的电脑，按开关的一刹那，突然电灯闪了几下，接着电源线冒出了一阵火花，并烧了起来，还点燃了旁边的一堆复印纸。我想一定是电源短路了吧，就顺手拿起我的水杯，浇灭电源线上的明火。看没有什么危险了，我才离开，出去找电工来维修。没想到等我带着电工回来的时候，整个办公室都被浓烟和大火笼罩了……"

"你确定你走之前用水把电源线上的明火都熄灭了吗？"警察问道。

"是的，我很确定！"王先生重重地点了点头。

"别装了，很明显你是人为纵火！你是为了销毁那些你偷税漏税的证据吧！"警察说。

你知道警察是怎么发现王先生的诡计的吗？

51. 窃取情报

某科技公司高层开会的时候，偶然发现在会议室的桌子下面有一支微型录音笔，想必是竞争对手安排了奸细想窃取商业情报。公司决定查出这个奸细。从录音中了解到，这段录音的前 1 分钟没有任何声音，1 分 10 秒的时候有一声关门的声音，接着又是半个小时的静音状态，接着是零星几个人的脚步声，最后就是会议上讨论的内容。应该是有人将录音笔打开后藏在会议桌下面，然后离开了。半个小时后，高层领导陆续来到会议室参加会议。

根据会议的时间倒推就可以确定奸细安放录音笔的时间。而在这个时间没有不在场证据的人只有三人。第一位是市场部经理的新秘书王小姐，穿着一身白色的连衣裙，红色的高跟鞋；第二位是创作部的一位男职员李先生，穿着黑色的西装，棕色的皮鞋；第三位是人事部的王先生，一身休闲装，运动鞋。

只是凭着三个人的装束，聪明过人的总经理就推测出了谁是内奸。

你知道三人中谁是奸细吗？

52. 值得怀疑

一天夜里，从菲律宾飞往北京的班机降落在首都机场，海关人员开始检查旅客的行李。

一名安检员在查看护照的时候发现有个商人打扮的人有些可疑，他来京的目的是旅游，当天早上从泰国首都曼谷出发，中午通过菲律宾首都马尼拉飞抵北京。

在对行李进行详细检查时，果然发现在其背包的夹层中有大量违禁品。

你知道是什么原因引起了安检员的怀疑吗？

53. 露出马脚

怪盗基德打听到海边有个独幢别墅的富翁主人去度假了，要一个月后才回来。所以他就打算去富翁的别墅"参观参观"。这天夜里外面下起了大雪，基德偷偷潜入别墅，撬开房门走进屋里。他没有开灯，怕引起巡警的注意，直接跑到富翁的床上美美地睡了一觉。第二天早上醒来，肚子有点饿，他打开冰箱发现里面有很多好吃的，就拿出了一只火鸡，点燃壁炉，一边取暖一边烤火鸡。可没过多久就听见门铃响，原来是两个巡警。

你知道他为什么引起了巡警的注意吗？

54. 探险家的发现

两名探险家在一处海拔 4000 米高的岩洞中发现了几幅壁画。壁画颜色不是很鲜艳，但是却清晰可辨。第一幅画着一群奔跑的猛犸象，第二幅画着一只长毛犀牛，第三幅画着一群穿着树叶衣服的猎人在追杀一只恐龙。

探险家甲非常高兴，说："这下我们要出名了，竟然有了这么大的发现！"

探险家乙冷笑一声说道："别高兴得太早了，这些壁画是假的！"

你知道乙为什么这么说吗？

55. 盲人的"眼睛"

维特是一名著名的盲人音乐家，有很多人找他进行演出，因此赚了不少钱。他住在纽约郊区一幢富人别墅中。一天晚上，维特正在卧室休息，就听见外面客厅中有动静。他想肯定是小偷，于是拿出抽屉里防身用的手枪走出了卧室。小偷知道维特是个盲人，听力一定特别好，就马上停下来不动，想逃过一劫。没想到"乓"的一声枪响，小偷还是被维特打中了右腿，趴在大座钟上无法动弹。

小偷没有制造任何声响，盲人维特是怎么击中小偷的呢？

56. 福尔摩斯

张三乘飞机去另一座城市会见自己素未谋面的网友李四，下了飞机，他就拉着自己超大的行李箱往外走。他在门口习惯性地左右张望了一番后才想起来自己只知道李四的名字却不知道他长什么样子，于是准备拿出手机与对方联系。这时，旁边一个年轻人热情地拥抱了一下他。原来他正是李四。

张三有些奇怪，为什么自己认不出李四，李四却可以确定自己就是张三呢？

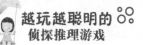
57. 巧妙报警

一天晚上，李利女士一个人在家，突然闯进一名陌生男子，正是前几天电视上通报的小偷。李利很害怕，小偷说："我只是想在你家中休息一下，喝口水。如果你不宣扬，我是不会伤害你的。"李利只得点了点头。

突然有人敲门，小偷用枪指着李利，说："不要让他进来，就说你已经睡下了。"

李利打开门，一看是例行检查的片警小王，就笑着说："原来是小王啊，有事吗？"

小王说："只是例行检查而已。你这里没事吧？"

李利说道："没事！我都已经睡下了。我哥向你问好呢！"

"哦，谢谢。晚安！"片警小王离开了。

"哈哈，干得不错！" 小偷看来的人走了，放下心来，一个人到冰箱中拿出一瓶可乐，躺在沙发上大口地喝了起来。

突然，从阳台的门里冲进来几名警察，没等小偷反应过来就抓住了他。

你知道警察是怎么知道这里有小偷的吗？

58. 吹牛

小明养了一只漂亮的德国牧羊犬，一见到人就吹嘘这只狗有多聪明。

一天，他又在和朋友夸自己的狗聪明了："这只狗名字叫米拉，它非常聪明，我让它躺下它就躺下，让它睡觉它就睡觉。而且最神奇的是，它几乎可以听懂我说的每一句话，我让它拿来一只红色的球，它就会拿来红色的球；我让它拿来绿色的球，它就会拿来绿色的球……"

朋友笑了笑说："你在吹牛，这是不可能的！"

你知道朋友是怎么发现他吹牛的吗？

59. 照片证据

一个星期天的下午3点前后，在市郊的一栋小房子里，一位独居的老妇人家里被盗。

警方经过调查，抓到了一名嫌疑人，但是嫌疑人很快拿出了一张照片作为自己不在场的证据。照片的拍摄日期正是案发当天，地点是市中心的一座钟楼前面。只见照片上钟楼显示的时间是下午3点。

警察仔细看了看这张照片说："你在撒谎，这张照片说明你就是小偷。"并指出了一点儿错误。嫌疑人只好承认了自己就是小偷。

你知道小偷是如何伪造的证据，而警察又发现了什么呢？

60. 谁是劫匪

市中心最繁华的地方新开业了一家珠宝公司，突然闯进来一名男子，抢起锤子一敲，珠宝展柜的玻璃"哗啦"一声碎了。没等店员反应过来，男子趁乱抢走了大量的珠宝首饰，逃之夭夭。

警方赶到现场发现这些展柜所用的玻璃都是防盗玻璃。这种玻璃别说用锤子，就是用枪都打不碎。

这是怎么回事呢？劫匪到底是谁呢？

61. 手表

怀特先生加了一夜的班，天亮了才回到家中，发现家中被盗，保险柜里的大量现金和首饰都不见了。于是他报了案。不一会儿警察来了，和怀特一起在他家锁着的地下酒窖里发现了还在熟睡的妻子。众人将其叫醒，怀特的妻子讲述了事情的经过："昨天下午 3 点前后，三名歹徒闯进家中把我打晕，并被歹徒关在了地下酒窖中。也不知道过了多久，现在才被大家发现。"

警察看了一眼这个酒窖，是一个不大的地窖，放着几架红酒。四周无窗，门可以从外面锁上，里面有一盏 40 瓦的灯泡，发出不太亮的光。

警察看了怀特的妻子一眼，说："你和那些强盗是一伙的吧！快从实招来。"

你知道警察是如何识破她的诡计的吗？

62. 偷牛贼

古时候，有个人到衙门告状说自家的牛被人偷了。县官经过一番调查后，把有嫌疑的几个人一起带到了县衙审讯。嫌疑人都低着头跪在大堂上，但没人承认牛是自己偷的。县官胡乱问了几个问题后，说："你们暂且先回去吧！"

正当众人纷纷站起来要走时，县官突然拍案大喝了一句，只见偷牛的人不由自主地跪在地上，慌忙磕头求饶。案子就这样破了。

你知道县官大喝了一句什么话吗？

63. 失误

间谍 007 想从某高官手中盗取一份机密情报。他首先探听到该高官会在某一时刻独自一人开车经过一段山路，于是他埋伏起来，等高官驾车到达一个转弯处时，他用全息图像制造了一个非常逼真的汽车迎面开来的图像。高官为了躲避前面的车辆，下意识地猛打方向盘，连人带车翻下了十几米深的山谷中，撞在一个大石头上。本以为车会起火爆炸，没想到因为油箱里油量不足，没有起火。

007 赶了过去，偷拍了机密文件后放回原处，又从自己的车上拿来汽油浇在高官的车上并点燃，瞬间高官连人带车被熊熊烈火包围，造成高官因不慎坠入深谷，车身起火车毁人亡的假象。

但是没过多久，警察就发现此事是 007 所为。

你知道 007 有什么失误吗？

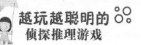
64. 邮局行窃案

约瑟夫去邮局寄东西，刚进大门就和里面的一个人撞了个满怀。相互致歉后，约瑟夫前往柜台办理业务，交钱的时候，才发现钱包不见了。

"一定是刚才那个人在撞我的时候偷走了我的钱包！"约瑟夫想道。然后马上通知了邮局的保安一起追了出去。

没追出多远，就发现了刚才撞自己的那个人。原来，一名巡警经过附近，看到这个人形迹可疑就拦住他问询。

约瑟夫和保安来到近前，向巡警介绍了刚才事件的经过。巡警要求搜身，可是浑身上下翻了个遍，也没有找到约瑟夫的钱包。时间很短，嫌疑人没有到过别的地方，也没有同伙和他配合。巡警没有办法，只好把他放了。

过了几天，这个小偷在家中拿到了约瑟夫的钱包。

你知道这是怎么回事吗？

65. 破绽

村民张三向新上任的知县控告邻居无赖陈抢占他家十亩良田。知县派人带来无赖陈，他辩解说："十年前张三父亲去世，没钱埋葬，便把家中十亩田地卖给我。我有证据在此。"说着掏出一张字据，将自己用茶汁浸泡发黄的字据冒充陈旧物呈给知县。

知县小心翼翼地打开这张折叠起来的字据，一拍惊堂木，喝道："你竟敢伪造字据，欺骗本官！"

你知道知县发现了什么破绽吗？

66. 歹徒的破绽

一个寒冷的冬天，在一间公共浴室内，一名客人的财物被抢。警察来到现场调查，询问一位在场的证人。证人说："我当时正在洗澡，突然一个人从外面冲了进来，向里环视了一圈，抢了客人的财物，然后就跑了。"

警察问："那你有没有看清歹徒的样子？"

证人回答说："没有，他戴着墨镜和口罩，看不出什么样子。"

警察听完，马上对这个人说："你在说谎，快老实交代，是不是你干的？"

警察发现了什么破绽呢？

67. 破绽在哪儿

冬季的一天，气温达到零下20多摄氏度，福尔摩斯在一个乡村旅店中休息。突然跑来一个浑身湿漉漉的人，大喊着救命。福尔摩斯忙问怎么了。来人说："我和朋友一起在结了冰的湖里滑冰，突然冰裂开了，朋友掉了下去。我马上去救他，没有找到，就马上跑回来找人帮忙。"福尔摩斯马上和一群人一起来到两公里以外的出事地点，看到冰上果真有一个大洞。

福尔摩斯看了看那个人说："我看，你的朋友是被你故意推下去的吧！"

你知道他的破绽在哪儿吗？

68. 皇帝断案

乾隆皇帝下江南的时候，除了四处游玩外，还会顺便断一些当地无法或者不敢解决的疑难要案。这一天，乾隆皇帝一行人来到苏州。当地有一个很有权势的财主，他雇佣了一个哑巴佣人。欺负他不会说话，三年没付他一文工钱。哑巴四处告状，无人敢受理。甚至找周围的知情人写状纸，都没有人敢为他代写。

当哑巴佣人见到乾隆皇帝时，马上拦住轿子告御状。乾隆接过状纸一看，上面一片空白，询问之下又"咿咿呀呀"的说不出一句话。顿觉此案难办，一番思考之下，乾隆吩咐左右："把这个无理取闹的哑巴拖出去，游街半天。"

游街中，哑巴佣人无比悲愤，泪流满面。凡认识他的人都窃窃私语，甚至对乾隆皇帝议论纷纷。

游街结束后，乾隆命人把哑巴佣人押回县衙，然后派人捉来财主，除了判其付清哑巴三年的工钱外，还得游街一天。

你知道乾隆皇帝是如何了解到事情真相的吗？

69. 识破小偷

一天，警官在一所住宅的后门看见了一个可疑男子。

"你等会儿再走。"警官见那人形迹可疑，便喊了一声。

那人听到喊声，愣了一下，便停下了脚步。

"你是不是趁这家里没人，想偷东西？"

"您这是哪儿的话，我就是这家的主人啊。"那个人答道。

正说着，一条毛茸茸的卷毛狗从后门里跑了出来，站在那个人身旁。

"您瞧，这是我们家的看家狗。这下您知道我不是可疑的人了吧？"他一边摸着狗的脑袋一边说。

那条狗还充满敌意地冲着警官"汪、汪"直叫。

"嘿！玛丽，别叫了！"

听他那一喊，狗立刻就不叫了，马上快步跑到电线杆旁边，翘起后腿撒起尿来。

警官仿佛感到受了愚弄，拔腿向前走去。可他刚走几步，突然想起了什么，又急转回身不由分说地将那个男子逮捕了，嘴里还嘟囔着："闹了半天，你还是个贼啊。"

那么，警官到底是根据什么识破了小偷的诡计呢？

70. 比赛

一天，柯南和怪盗基德在商场一层的大门口不期而遇。

"好巧啊，你在这里干什么？"基德问柯南。

"是啊，好巧。我要去地下三层车库里的车里取我的笔记本。你呢？"

"我也是啊，不过我的笔记本在三楼超市的储物柜里。要不我们来比赛吧，不许乘电梯，看谁先拿到东西，再回到这里。"

"你休想骗我，我还不知道你的把戏。"柯南说。

说着柯南拆穿了基德的把戏。

你知道基德的把戏是什么吗？

71. 吹牛

张三和朋友吹牛说："有一次，我和朋友去非洲旅行。和朋友打赌，蒙着眼睛在一条只有 1 米宽，两边都是悬崖的小路上走 100 米。结果我一点儿都不慌张，一步步走完获得了胜利。"朋友笑笑说："少吹牛了，那有什么难的，连小孩子都能做到！"

你知道朋友为什么这么说吗？

72. 对付财主

从前，有个财主，很吝啬也很贪婪。他的邻居是一对勤劳的夫妇，他们在山坡开垦荒地，种下了几亩小麦。在快要成熟的季节，财主总是把自家养的鸡放到麦田里去吃麦子。

邻居惹不起财主，只好忍气吞声，看到鸡就去赶。可是这边赶走了，那边又来了，毫无办法。看到辛辛苦苦种下的麦子这样被糟蹋，农夫很是心疼，就回家和妻子商量。妻子听完后对丈夫说："这好办，你明天只要这样做，他就不会再放鸡了。"

第二天，农夫按照妻子说的做了，果然有效。

你知道他是怎么做的吗？

73. 找出匪首

从前，在边境处有一个偏僻的小村子，因为交通不便，村民生活很清苦。更让人恐怖的是，边境的对面不远处有一群土匪，他们经常来村里抢劫。村民种的粮食和养的家畜家禽都会被他们抢走。而警察局离村里也很远，即使报警，等警察到了，土匪早就逃之夭夭了。

为了彻底清除匪患，警察决定以静制动，埋伏起来把土匪一网打尽。等了整整半个月，终于等到了这群土匪，警察不费吹灰之力将他们全部擒下。

俗话说，擒贼先擒王，惩罚土匪也要先从匪首开始。可是问题来了，这群土匪都穿着一样的衣服，谁是匪首很难判断出来，凭经验，向这些土匪询问，也多半不会有结果。

很快警长有了主意，只听他大声说了一句话，话音刚落，他就知道哪个是土匪头子了。

你知道警长说了一句什么话吗？

74. 假照片

小明向同学们吹嘘，自己暑假的时候去了西藏一座海拔 4000 米高的山峰，并展示了一张照片作为证据。只见照片上小明和朋友在一座山的山顶上，举着刚打开的易拉罐可乐庆祝。

这时，小刚说："你这张照片是合成的，你根本没有去西藏。"

你知道这张照片什么地方不对吗？

75. 火灾逃生

小明是歌星阿 k 的铁杆粉丝，这天是阿 k 的演唱会，小明当然不会错过。今天剧场的人真多啊！偌大的剧场黑压压的全是人。

演唱会开始后不久，突然从后台传来几声呼救声："不好了，着火了，救火呀！"紧接着，只见熊熊大火夹着黑烟向台前涌来……顿时，台上台下乱作一团。观众纷纷离开座位，争先恐后地涌向大门。可是大门是锁着的，一名服务员拿着一把钥匙高喊："让一下，我过去开门！"

可是人们就像没听见一样，还是疯了似的往大门的方向挤。看到这种徒劳无功的场面，小明突然大声喊了一句话，观众纷纷向后退去。服务员趁机钻了过去，打开了大门，让观众们都安全地离开了火灾现场。

请问，小明到底喊了一句什么话，才让大家离开了紧锁的大门向后退去呢？

76. 智擒劫匪

约翰是某州立大学三年级的学生，一天晚上，他和同学们在寝室休息，突然闯进来一个持枪劫匪，抢走了他们所有人的钱包后，逃走了。

几个人报了警后，警察来调查了一番，但没有抓到劫匪。

过了一段时间，约翰在校园附近的一家咖啡馆喝咖啡时，看到那名劫匪正坐在咖啡店的吧台前喝着咖啡。没错，就是他！约翰想出去报警，可又怕他跑了；自己上去捉吧，又担心不是他的对手。怎么办？

正在这时，一名警察走了进来，坐在劫匪的旁边，对服务员说："来一杯咖啡。"约翰想告诉警察，又怕劫匪听到跑了，或者掏出枪来伤到人。这时，他突然有了一个好主意，趁服务员冲咖啡的时间，约翰找到服务员，和他耳语了几句。

过了一会儿，服务员用一个透明的玻璃杯端来一杯咖啡，放在警察的面前，微笑着说："请用！"

警察喝了起来，等快要喝完的时候，警察突然放下杯子，一把扭住身边劫匪的胳膊，大声说："你这个抢劫犯，这次跑不掉了！"

这名警察是怎么知道他是劫匪的呢？

77. 画窃贼

一天下午，小明肚子痛提前回家了。家里只有他一个人，休息了一会儿感觉好些了。正在这时，他听到门外有响动。透过猫眼一看，是一个陌生男子，正在撬他家的门。小明很害怕，忙躲在了床下。

不一会儿，男子进了屋，偷走了一些财物后离开了。

这时，小明才敢爬出来，并报了警。

警察问小明是否记得窃贼的长相。小明说从猫眼里看到了，并画了出来。

过了不久，警察就抓到了窃贼，可是怎么和小明画的不一样呢？

这是为什么？

78. 过圣诞

圣诞节过后不久，小明就请来两位刚从海外归来的朋友来家中聚会。聊天中，小明问道："你们圣诞节过得可好？"

其中一位说："我圣诞前从上海出发，向东航行，当我到达旧金山时，圣诞节已经过了几天了，所以我是在海上过的圣诞节，有趣的是，我竟然连续过了两个圣诞节，哈哈！"

另一位说："我也是圣诞前出发的，但我的航行方向正好和他相反，我是在圣诞节后到达的上海，可是我竟然没有过到圣诞节！真倒霉！"

一个人说过了两个圣诞节，一个人却说没有过到圣诞节，这可能吗？

79. 诈骗

一天夜里，大侦探福尔摩斯办完事开车回家。在一个路口，遇到一名年轻女子挥手想搭车，福尔摩斯就让她上来了。车向前开了没多远，后面有辆车跟了上来，亮起了刺眼的前灯。

女子回头看了一下，马上惊慌失措地对福尔摩斯说："不好了，那是我丈夫，他是个心胸狭隘的人，知道你载着我肯定以为咱俩有关系，会对我们不利的。"

"是吗？那我们该怎么办？"福尔摩斯假装害怕地说道。

"他见钱眼开，你给他点儿钱就可以了。"

"我看得给你一副手铐！你们用这种方式骗了不少钱了吧！"

福尔摩斯是怎么识破他们的呢？

80. 谜团

有一位很厉害的律师，喜欢帮人打离婚官司，每次都会站在女方一边，尽可能多地为她们争取赡养费。所以有很多打算离婚的女子都找这位律师帮忙。

　　这一次，这位律师自己也要离婚。律师一如既往地站在了女方一边，为妻子争得了巨额赡养费。

　　你知道这是为什么吗？

第三篇

明察小细节

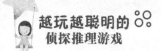
81. 寻找赃物

　　纽约一座著名的博物馆被盗，丢失了一大批价值连城的艺术品。警长带领一队人马经过多方探查，终于抓住了几名盗贼。经过审讯后发现，他们都是从犯，艺术品根本不在他们手里。

　　他们招认艺术品被主犯罗斯用一个大铁箱装起来，埋在了他乡下的农场里。警长带着两个助手赶到主犯的农场，却傻了眼。原来，整个农场很大，根本不知道箱子埋在何处。本来以为埋箱子的地方会有挖土的痕迹，会很容易辨认。没想到整个农场的土地都被耕过一遍并被压平了。警长带的人手又不足，这时，警长看到旁边有一个用来浇地的水龙头，和一根长长的水管。于是他就有了办法，果然，用了一段时间，他们就成功地把埋起来的艺术品找到了。你知道警长是如何做到的吗？

82. 骗保险金

　　一位富翁报案说他家收藏的一幅名画昨晚被盗，要求保险公司赔偿。

　　保险公司请侦探来现场勘查。只见富翁家中的门被撬开，屋子里有些翻动的痕迹。原本装着名画的画框被打开扔在一旁的鱼缸上，鱼缸里养着几条漂亮的热带鱼。

　　富翁解释说："这几天天气很冷，我都用空调取暖。可昨天晚上突然停电了，没办法我只好去附近一家宾馆住了一晚。早上找来修理工帮我修好了线路，这才发现我的画不见了。"

　　侦探说："恐怕你是为了骗保险金吧！"

　　侦探为什么这么说呢？

83. 吹牛的人

　　肯特见人就说自己的英勇经历："去年圣诞节前一天的早上，我和海军上尉海尔丁一同赶往海军在北极的气象观测站，突然海尔丁摔倒了，大腿骨折，10 分钟之后，我们脚下的冰层也松动了，我们开始向大海漂去。我意识到如不马上生火，我们都会冻死，但是火柴用光了。于是我取出一个放大镜，又撕了几张纸片，放在一个铁盒子上，用放大镜将太阳光聚焦后点燃了纸片，火拯救了我们的生命。幸运的是，24 小时后我们被一艘经过的船救了起来。人人都说我临危不惧，采取了自救措施，是个英雄。"

　　你能找出肯特所说的话中，有什么不符合事实的地方吗？

84. 吹牛的将军

　　有一个经历过第一次世界大战的将军，逢人便吹嘘自己在战场上多么英勇，立下多少赫赫战功。

　　每当有人去他家中，他就会自豪地向他们说起自己在浴血奋战年代的光辉历史，还拿出一枚英国女王亲自颁发的金质勋章，上面刻着：

铁血英雄：颁给在第一次世界大战中战功煊赫的 Gateway 将军

——伊丽莎白 1917

一次，一位朋友一眼就看出了他说的并不是事实。

你知道哪里出了问题吗？

85. 超强的视力

特工 007 接到指示说：某商业巨头参与了一起机密资料泄露案，需要他前去查出和这位商业巨头接头的间谍是谁，然后顺藤摸瓜、一网打尽。

007 化装成一名银行家参加商业巨头举办的一个派对。期间，他端着一杯苏打水四处打探，趁没人注意溜进了一间偏僻的房间。

不巧的是，商业巨头正在房间里看一份材料！两人都很吃惊，巨头试图将手中的材料藏起来，但想了想觉得这样做太容易招惹别人注意，就依旧拿在手中。并问道："你是谁？怎么跑到我的房间里来了？"

007 看到巨头紧张的样子，断定这份材料就是他与间谍联络的证据。但由于两人距离太远，上面的字又太小，看不清楚内容。料想巨头也是因此而没有急着把材料藏起来吧。于是 007 冷静地回答道："我是银行代表，想和你谈下商业合作的事情。"说着把手里的水杯放了桌子上，并退到了看不到材料上字迹的距离站定。

商业巨头看到这位银行代表很懂事，就放下戒心，谈起商业合作的事情来。交谈了一段时间后，007 起身告辞。

离开派对后，007 立即向上级汇报了打探的结果，并一举抓获了和商业巨头接头的间谍。

你知道 007 是怎么获得材料上的内容的吗？隔了那么远，他是怎么看到的呢？

86. 怪盗偷邮票

怪盗把邮票展上展出的一枚价值连城的珍贵邮票偷走了，侦探小五郎马上开始追踪，跟随基德来到一家旅馆，见基德钻进了其中一间房间，小五郎上前敲门，怪盗打开房门："原来是小五郎先生啊，找我有事吗？"

"少装蒜，快把你偷来的邮票交出来吧。"小五郎直截了当地说。

"别生气嘛！你随便搜好了，我这里根本没有什么邮票。"怪盗挥挥手，轻松地说。

小五郎环顾一下四周，这个房间不大，家具也很简单，除了开着的电视机和上面不停旋转的电风扇外没有什么电器。按说能藏东西的地方也不多，为什么怪盗能够如此坚信对方搜不出赃物呢？你知道怪盗把赃物藏在哪里了吗？

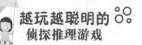

87. 吹牛

一天，查尔斯向一群人讲述自己的冒险经历：那天，我一个人驾驶帆船出海。不料突然发动机坏了，我一个人停在大海中间，而且一点风都没有，也没法利用船帆前行。没办法，我只好找了一块白布，咬破手指，写下了"救命"两个大字，挂在桅杆上。幸好过了半天时间，有一艘船从附近经过，把我救了下来……

说到这里，一位在旁边默默听他讲述的年轻人说道：你在吹牛！

你知道年轻人为什么这么说吗？

88. 截获密电

一天，警察截获了一份他们最近一直在追踪的一伙走私贩间相互联系的密电。密电的内容如下："朝，A火车站交货。"一位年轻的警察看着这一行字犯了难，电文中只有交货地点，没有具体时间，这该怎么办呢？这时，经验丰富的老刑警笑着说："其实它已经清楚地告诉我们具体的日期和时间了。"你知道到底是怎么回事吗？

89. 盗窃案

一名中国富翁在美国度假期间邀请了十名机智的故友到他的中国豪宅去度假，他也是想让他们帮自己看几天家。这十个人分为三类，分别是小偷、平民和警察。小偷只能识别平民，平民只能识别警察，而警察识别不了其他人的身份。他们相互间不能揭发身份或自曝身份，只有当警察抓住小偷时才能自曝身份。每个小偷一天偷一次。小偷和平民都可以写匿名检举信。如果小偷对同类施行盗窃，被盗的小偷发现物品被偷不会喊叫；如果被偷的是平民，当他发现物品被偷一定会喊叫；如果被盗的是警察，警察会当场击毙该小偷。他们分别住在二楼共用一条走廊的十个单人房里。房门号是房主的姓，每个房门外的右边的墙上各有一个带锁的邮箱。他们每个人都有一把自己邮箱的钥匙。每天早晨6点，报童在十个邮箱里各放一份报纸。

房间示意图：

孔	张	赵	董	王
李	林	徐	许	陈

第一天，早上9点刚起床的十个人，各自在房间里看完报纸后，中午11点在一楼客厅里相互介绍了自己的名字后便自己做自己的事去了。这一天没有平民的叫喊和警察的枪声。

第二天，与第一天一样，一位警察仍然在早上9点起床并拿出自己邮箱里的报纸回自己的房间了。他一直看着报纸。突然，听见四个人的喊叫声。然后，10个人都集合在走廊上，并相互认识了被盗的四人。之后，这位警察回到自己的房间里，思考案情：自己住在陈号房，而张号、王号、李号和徐号房被盗。

第三天，心里烦躁的警察 6 点就起床去拿报纸。打开邮箱，却发现邮箱里除了一份当天的报纸外还有五封匿名检举信。警察赶紧回到房内把信摊在桌子上，发现这五封信是由五个人分别写的。第一封信的内容是：董，许，林，孔。第二封信的内容是：林，董，赵，许。第三封信的内容是：孔，许，赵，董。第四封信的内容是：赵，董，孔，林。第五封信的内容是：许，孔，林，赵。警察思考着，突然，他抓起这五封信冲了出去，抓住了正在睡觉的几个小偷。可他们并不承认，当警察拿出证据时，他们就分别说出了自己藏在离豪宅不远处的赃物。

如果你就是这位警察，你是如何破解该案的？

90. 骗子的漏洞

"啊，我的钻石项链不见了！"一家五星级酒店的客房内传来一声尖叫，一位贵妇人气愤地告诉保安她的钻石首饰被人偷了，要酒店做出赔偿。

警长接到报案后，立刻赶到现场，向贵妇人询问详情。贵妇人说："我刚洗完澡，一打开浴室门，就从浴室的镜子里看到一个大约一米八的黑衣男子从我的房间跑出去。"

警长看看浴室的镜子，问："您确定是从这面镜子里看到的？"

贵妇人肯定地点了点头。

警长笑笑："收起您的伪装吧，您只不过是为了拿到赔偿金才这样做的。"

你知道警长的依据吗？

91. 报案人的谎言

凌晨 3 时 30 分，值班警官身边的报警电话铃急促地响了。他被惊醒，迅速抓起听筒。电话里传来了一个女人娇滴滴的声音："你是值班警官吗？"

"是的，请问您是谁？"

"我叫 A，有人闯进了我家，盗走了我的贵重物品。"

警官记下了她的地址，立刻跳下床。门外北风呼啸。"这该死的鬼天气！"

他缩着脖子钻进了警车，40 分钟后赶到了 A 家。

A 正在门房里等他。警官一到，她就开了门。房子里真暖和，警官摘下了围巾、手套、帽子，并脱下大衣。A 穿着睡衣，脚上是一双拖鞋，头发乱蓬蓬的，脸上毫无血色。"

警官边细看现场边问："太太，您的贵重物品是怎么被盗的？请慢慢说，越详细越好。"

"我是在夜里 11 时 45 分睡的，也不知道怎么的，我在 3 时 25 分就醒了。听到保险柜有动静，就从卧室出来查看，才发现贵重物品已经被偷走了。"

"那您后来干什么了？"警官又问。

"我就下楼给你们警察局打电话。那时我还看见那扇窗户大开着。"A用纤纤玉手指了指那扇还开着的窗户，"小偷准是从这扇窗户进来的，然后又从这里逃走的。"

警官走到那扇窗户前往下望去，下面有几个箱子，还有几个啤酒瓶，其他的什么都没有，风吹在他的脖子里面，冻得他缩了缩脖子，忙关上了窗户。

A抽泣着说："警官先生，请您一定要抓住小偷？"

警官冷冷回道："东西是你自己藏起来了吧？你是为了骗取保险金吧？"

A脸色变得更白了："你这是什么意思？"

警官严肃地说："因为刚才你没说实话！"

请问，警官为何知道那女人说了谎？

92. 骗保险金

李家发生火灾，李太太对保险公司的调查员说："我炒菜时油着火了，我赶紧关上煤气，忙乱中我错把旁边的一桶油当作水泼了上去，没想到，火苗一下子蹿到屋顶烧着了。"

调查员听后想了想说："你在撒谎，你是想骗保险金。"

请问，调查员是如何知道的呢？

93. 一坛大枣

古时候，有个无亲无故的年轻人要进京赶考。带着大量银子在身边不安全，便把所有家当装在一个大坛子里，说是一坛大枣寄放在邻居家中。一晃三年过去了，年轻人还没回来。邻居认为年轻人在路途中发生了意外，便私自打开了坛子。看到里面白花花的银子，邻居将其全部占为己有。并把大枣装了进去，重新封好。哪知没过多久，年轻人竟然回来了，并找邻居取回了坛子。回到家中，年轻人打开坛子一看，竟然全是大枣，便找邻居理论，说自己放的是银子。邻居不承认，说本来就是大枣。争执不下，年轻人告到了官府。县官听完两人的诉说之后，马上认定邻居说谎，并判其赔偿年轻人银两。你知道县官的依据是什么吗？

94. 司机

一天，一位老太太拦住一辆路过的出租车，说了目的地之后，老太太便开始喋喋不休，吵得司机很厌烦。司机突发奇想，对老太太说："对不起，夫人。我的耳朵聋了，听不到你在说什么。"老太太听他这么一说，就停止了唠叨。但是等她到了目的地以后，突然明白过来，司机是在对她说慌。你知道她是怎么知道的吗？

95. 揭穿谎言

狂风大作，一艘客轮在海上航行。珠宝商王先生从甲板回到房间，发现一颗价值10万元人民币的钻石不翼而飞了，于是报了警。警察开始对船舱逐一搜查。隔

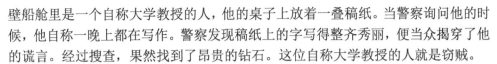

壁船舱里是一个自称大学教授的人，他的桌子上放着一叠稿纸。当警察询问他的时候，他自称一晚上都在写作。警察发现稿纸上的字写得整齐秀丽，便当众揭穿了他的谎言。经过搜查，果然找到了昂贵的钻石。这位自称大学教授的人就是窃贼。

请问：警察是根据什么确定大学教授说谎的呢？

96. 识破小偷的伎俩

一对新婚夫妇在某市郊外买了一间房子，一层共有三户人家。一天，这对夫妇正在看电视，突然听见有人敲门。妻子打开门一看，是一个陌生男子。男子一看到她便说："对不起，对不起，我走错门了，我还以为是我的房间呢。"然后转身走了。这对夫妇回到房间一考虑，便确定那个男子是个小偷。他们马上报告了小区的保安，保安很快就将男子抓获。后来经警方查证，该名男子果然是个惯偷。

这对夫妇是如何知道陌生男子就是小偷的呢？

97. 老练的警长

7 月 14 日中午，巴黎四方旅馆住进了四个单身旅客。他们是：从耶路撒冷来的斯坦纳先生，经营水果生意；从伦敦来的勃兰克先生，行踪有些诡秘；从科隆来的企业家比尔曼，他是来同一家跨国公司洽谈一笔生意的；从里斯本来的曼纽尔，身份不明。

7 月 16 日上午，电影明星格兰特小姐发现金银珠宝不翼而飞。警方经过调查确信盗窃犯就在这四名旅客当中。于是，警方询问旅馆经理这三天来四位旅客的活动情况。经理回忆道："斯坦纳每天总是要两张希伯来语报纸，坐在大厅门口，用一个放大镜从头读到尾；勃兰克每天上午 10 点前后离开旅馆，下午 5 点前后回旅馆，一架照相机总不离身；比尔曼总是在床上吃早饭，一个鸡蛋和一些鱼子酱，起床后总是在服务台最忙的时候来拿他的信件；曼纽尔是个左撇子，会讲六种语言。"

警方根据经理提供的线索，决定传讯这四名单身旅客。不料，勃兰克和曼纽尔都离开了旅馆，比尔曼也不知去向，只有斯坦纳仍坐在大厅门口看报纸，把放大镜从左到右一行一行往下移。老练的警长看着看着，突然眼睛一亮，立即招呼几个警察走上前去，给斯坦纳戴上了手铐。经审讯，斯坦纳对自己的盗窃行为供认不讳。

斯坦纳在什么地方露出了破绽？

98. 鉴别逃犯的血迹

探长西科尔和助手丹顿小姐于森林公路中段截获了一辆走私违禁品的卡车。经过一场激烈的搏斗，四名罪犯有三名当场被擒获，而首犯巴尔肯被丹顿小姐的手枪击中左腿肚后逃入密林深处。

西科尔探长立即带领助手深入密林追捕首犯巴尔肯。

进入密林后，两人沿着点点血迹仔细搜捕。突然，从不远处传来一声沉闷的猎枪射击声和一阵忽隐忽现的动物奔跑声。看来，这只动物已经受了伤。果然，当西科尔探长和丹顿小姐追赶到一块较宽敞的三岔路口时，一行血迹竟变成了两行近似交叉的血迹左右分道而去。显然，逃犯和动物不在同一条道上。

怎么办？哪一行是逃犯的血迹呢？丹顿小姐看着，有些懊丧起来。但探长西科尔却用一个简单的方法，便鉴别出了逃犯血迹的去向，最终将其擒获。

请问，西科尔探长是用什么方法鉴别出逃犯血迹的呢？

99. 船夫的破绽

古时候，苏州有个商人名叫贾斯，他经常外出做生意。这一天晚上，他雇好了船夫，约定第二天在城外寒山寺上船出行。

第二天，天还未亮，贾斯便带着很多银子离家去了寒山寺。当日光已照在东窗上时，贾斯的妻子听到有人急急敲门喊道："贾大嫂，贾大嫂，快开门!"贾妻开门后，来的正是船夫，他开口便问："贾大嫂，天不早了，贾老板怎么还不上船啊？"

贾妻顿感慌张，随船夫来到寒山寺，只见小船停在河边，贾斯却失踪了。贾妻到县衙门去报案，县令听了她的诉说后，便断定是船夫杀害了贾斯。

你知道这是为什么吗？

100. 聪明的侦探

夏季的一天，女盗梅姑乔装改扮，混进珠宝拍卖会场，盗出两颗大钻石。一回到家，她马上将钻石放在水里做成冰块放在了冰箱里。因为钻石是无色透明的，所以藏到冰块里，万一有警察来搜查也不易被发现。

第二天，矶川侦探来了。"还是把你偷来的钻石交出来吧。珠宝拍卖现场的闭路电视已将化装后的你偷盗时的情景拍了下来，虽然警察没看出是你，但你瞒不过我的眼睛。"矶川侦探说。

"如果你怀疑是我干的，就在我的家里搜好了，直到你满意为止。"梅姑若无其事地说，"今天真热呀，来杯冰镇可乐怎么样？"

梅姑说着从冰箱里拿出冰块，每个杯子放了四块，再倒上可乐，递给矶川侦探一杯。将藏有钻石的冰块放到了自己的杯子里，即使冰块化了，在可乐下面也看不出来，梅姑暗自得意着。

矶川侦探看了一眼梅姑的杯子。"对不起，能和你换一下杯子吗？我想尝尝放了钻石的可乐是什么味道。"

冰块还没溶化，矶川侦探是怎么看穿梅姑的可乐杯子里藏有钻石呢？

101. 关卡征税

有一个商人从巴黎运苹果到柏林去卖，刚刚离开巴黎的时候，他用一辆马车拉着这些苹果。不一会儿到了一个关卡，征税官对他说："现在德法两国正在打仗，税收比较高，需要征纳所有苹果的 2/3。"商人无奈，只好按规定给了足够的苹果数。缴完税之后，征税官又从商人剩下的苹果中拿了一斤，放到了自己的腰包里。

商人很生气，但是又无可奈何，只能接着往前走。没走多远，又到了一个关卡，同样这个关卡的人又从他的车上拿了 2/3 的苹果，外加一斤。之后，商人又经过了三个关卡，缴纳了同样的税和给了每个征税官一斤的苹果。终于到了柏林，商人把自己的遭遇告诉了他媳妇儿，并把最后一斤苹果给了她。

你能帮商人媳妇儿算算商人从巴黎出发时，车上有多少斤苹果吗？

102. 重合的指针

在一个车祸现场，警察向目击证人询问当时的情况。当问及车祸发生的时间时，目击者说："具体的时间我不记得了，当时只是瞄了一下手表，发现表的时针和分针重合在一起。"

问题来了，我们都知道手表在 12 点整的时候，时针和分针是重合在一起的。你知道除此之外两枚指针在 12 小时之内要重合几次吗？它们分别在什么时候互相重合呢？

103. 加法与乘法

明明去一家商店买东西，他挑选了四件小商品，其中有一件只要 1 元钱，他在心里算了一下，总共 6.75 元。准备付钱时，明明发现店主用计算器算价时按的不是加法键，而是乘法键！他正准备提醒店主时，奇怪地发现，计算器算出的数字也是 6.75 元。店主没按错数字。

那么，你知道这四件小商品的单价各是多少元吗？

104. 偷换概念

有三个人去住旅馆，住三间房，每一间房 10 元钱，于是他们一共付给老板 30 元。第二天，老板觉得三间房只需要 25 元就够了，于是叫伙计退回 5 元给三位客人，谁知伙计贪心，只退回每人 1 元，自己偷偷拿了 2 元。这样一来便等于那三位客人每人各花了 9 元，于是三个人一共花了 27 元，再加上伙计独吞了 2 元，总共是 29 元。可是当初他们三个人一共付出 30 元，那么还有 1 元去哪儿了呢？

105. 火车到站时间

张教授乘坐高速列车去北京参加一个学术会议。

在路上，他怕耽误了开会时间，就问列车上的乘务员："火车什么时候到达北京站？"

"明天早晨。"乘务员答道。

"具体早晨几点？"

乘务员看张教授一副学者派头，有意试试他，于是开玩笑地回答说："看您是个教授，我给您出个题目吧！我们准时到达北京时，车站的时钟显示的时间将很特别——时针和分针都将指在分针的刻度线上，分针和时针的间隔是 13 分或者 26 分。现在您能算出我们具体几点到北京吗？"

张教授想了一会儿，又问道："我们是北京时间 4 点前还是 4 点后到呢？"

乘务员笑了一下："我如果告诉您这个，您当然就知道了。"

张教授回之一笑："你不说我也知道了，这下我就可以放心了，不会耽误开会。"

请问，这列火车到底几点几分到达北京站？

106. 美国硬币

美国货币中的硬币有 1 美分、5 美分、10 美分、25 美分、50 美分和 1 美元这几种面值。一家小店刚开始营业，三兄弟来到店里吃饭。当这三兄弟站起来付账的时候，出现了以下情况。

(1) 连同店家在内，这四个人每人都至少有一枚硬币，但都不是面值为 1 美分或 1 美元的硬币。

(2) 这四人中没有一人有足够的零钱可以兑开任何一枚硬币。

(3) 老大要付的账单款额最大，老二要付的账单款额其次，老三要付的账单款额最小。

(4) 三兄弟无论怎样用手中所持的硬币付账，店主都无法找清零钱。

(5) 但是如果三兄弟相互之间等值调换一下手中的硬币，则每个人都可以付清自己的账单而无须找零。

(6) 当这三兄弟进行了两次等值调换以后，他们发现手中的硬币与各人自己原先所持的硬币没有一枚面值相同。

随着事情的进一步发展，又出现如下的情况。

(7) 在付清了账单以后，三兄弟其中一人又买了一些水果。本来他手中剩下的硬币足够付款的，可是店主却无法用自己所持的硬币找清零钱。

(8) 于是，他只好另外拿出 1 美元的纸币付了水果钱，这时店主不得不把自己的全部硬币都找给了他。

现在，请你计算一下，这三兄弟中谁用 1 美元的纸币付了水果钱？

107. 手心的名字

春游的时候，老师带着四名学生 A、B、C、D 一起做猜名字的游戏。游戏很简单。

首先，老师在自己的手上用圆珠笔写了四个人中的一个人的名字。

然后他握紧手，在此过程中，不要让四名学生中的任何一个人看到。

最后，老师对他们四人说："我在手上写了你们四个人中一个人的名字，猜猜我写了谁的名字？"

A 回答说："是 C 的名字。"

B 回答说："不是我的名字。"

C 回答说："不是我的名字。"

D 回答说："是 A 的名字。"

四名学生猜完之后，老师说："你们四人中只有一个人猜对了，其他三个人都猜错了。"

四人听了以后，都很快猜出老师手中写的是谁的名字了。

你知道老师手中写的是谁的名字吗？

108. 四名旅客

四个人坐同一架飞机去旅行，在飞机上他们相互认识了，并且很愉快地聊着天。

最后，他们知道了四个人的职业和国籍都各不相同。现在已知：他们四个人分别来自英国、法国、德国、美国四个国家。

而且还知道：

(1) 德国人是医生。

(2) 美国人年龄最小且是警察。

(3) C 比德国人年纪大。

(4) B 是法官且是英国人的朋友。

(5) D 从未学过医。

根据以上信息，你能推理出 C 是哪国人吗？

109. 教学楼楼层

甲、乙、丙、丁四个同学一起去同一幢教学楼上课。他们四人今天刚好分别上语文、英语、数学、物理四门课，而且这四门课正好分别是在同一幢教学楼的四层中同时进行的。已知：甲去了一层；语文课在四层；乙上英语课；丙去了二层；丁上的不是物理课。

那么，你能判断他们分别在几层上什么课程吗？

110. 谁买了果酒

有四个不同专业的同学住在一个宿舍中。这天他们一起逛街，各自买了一瓶酒。现在知道：甲是学文秘的；学管理的买了一瓶白酒；学建筑的床铺在乙的右边；乙的床铺在甲的右边；丙买了一瓶葡萄酒；丁的床铺在学医学的左面；买葡萄酒的床铺在买啤酒的右面。

那么，你知道是谁买了果酒吗？

111. 三家房客

一幢三层的公寓刚刚落成，每层只有一套房间。沃伦夫妇最先搬进来，住进了顶层。莫顿夫妇和刘易斯夫妇则根据抽签的结果，分别住进了下面两层。莫顿夫妇对公寓环境和邻居都非常满意。整幢楼里唯一有点儿意见的是珀西，他希望住在他家楼上的那对夫妇不要每天早上就开始大声放音乐，这会影响他睡眠。除此之外，这三家邻居之间的关系都很融洽。罗杰每天早上下楼路过吉姆家时，总要进去坐一会儿，然后两个人一起去上班。到了 11 点，凯瑟琳总要上楼去和刘易斯夫人一起喝茶。丢三落四的诺玛觉得住这种公寓非常方便，因为每当她忘了从商店买回什么东西的话，她可以下楼向多丽丝去借。

这三对夫妇分别叫什么名字？姓什么？住哪一层？

112. 巧分果汁

小陈有两个小外甥。一天，他带了一瓶 4 升的果汁去看他们，并想把果汁平分给两个孩子。但是他只找到了两个空瓶子，一个容量是 1.5 升，另一个容量是 2.5 升。

那么，有什么办法可以用这三个瓶子把果汁平均分配给他们呢？

113. 硬币数目

三个孩子想合伙买一个玩具，他们把衣兜里所有的钱都掏出来，看看一共有多少钱。结果一共有 3 元 2 角钱的硬币。其中有两枚硬币是 1 元的，两枚是 5 角的，两枚是 1 角的。每个孩子所带的硬币中没有两枚是相同面值的。而且，没带 1 元硬币的孩子也没带 1 角的硬币，没带 5 角硬币的孩子也没带 1 元的硬币。

你知道这三个孩子原来各自带了什么硬币吗？

114. 扑克牌的顺序

大家都知道扑克牌，一副牌一共有 54 张，其中有两张王牌，其余的 52 张牌则分为红桃、方块、梅花、黑桃四种花色，每种花色各 13 张。

我们取这样一副扑克牌，去掉其中的两张王牌，然后给剩下的 52 张牌编号，号码从 1 号编到 52 号。

这样，在初始状态下，这 52 张牌是 1 号在最下面，2 号在下数第二张的位置，3 号在下数第三张的位置……第 52 号则在最上面。

现在我开始洗牌。假如我洗牌的技术一流，每次都会把这副牌平均分成 26/26 两手，而且每次洗下来的牌都是左右各一张相间而下。(每次洗牌都先让编号为 1 的牌最先落下)

这样，第一次洗完牌之后，这副牌的状态变成为：1，27，2，28，3，29，…，26，52。

现在请问：按照上面的洗牌规则，我一共需要洗几次牌才能使这副牌又重新回到初始状态(即 1，2，3，4，…，51，52 从下到上排列)？

115. 查账

　　洁洁小姐在一个商店里做收银员。有一天，她在晚上下班前查账的时候，发现现金比账面少 153 元。她知道实际收的钱是不会错的，只能是记账时有一个数点错了小数点。

　　那么，她怎么才能在几百笔账中找到这个错数呢？

第四篇

机智巧应对

116. 热气球过载

英国有一家报纸曾经举办过一次高额奖金的有奖征答活动。题目是这样的：

在一个充气不足的热气球上，载着三位关系人类兴亡的科学家，热气球过载，即将坠毁，必须丢出去一个人以减轻重量。把谁扔出去呢？

三个人中，一个是环境专家，他的研究可使无数生命避免因环境污染而死亡；一个是原子能专家，他的研究成果能够防止全球性的核子战争，使地球免遭毁灭；最后一个是粮食专家，他的研究能够让数以亿计的人脱离饥饿。

奖金丰厚，应答的信件堆成了山，答案各不相同。

最终的获胜者却是一个小孩，你知道他的答案是什么吗？

117. 相互提问

一个大人和一个小孩做一个游戏。

大人这样对小孩说："我们来玩一个互相提问的游戏，我问你一个问题，你若答不出，你给我1元；而你问我一个问题，若我答不出，我就给你100元，如何？"

小孩眨眨眼睛，说："行啊！"

"那你说说我的体重是多少？"大人先问道。

小孩想了一下，掏出1元钱给了大人。

轮到小孩提问了，你知道孩子问什么问题才能赢大人吗？

118. 习惯标准

晚饭后，母亲和女儿一块儿洗碗盘，父亲和儿子在客厅看电视。

突然，厨房里传来打破盘子的响声，然后一片沉寂。

儿子望着他父亲，说道："一定是妈妈打破的。"

父亲："你怎么知道的？"

你知道儿子是怎么知道的吗？

119. 天机不可泄露

从前，有三个秀才进京赶考，途中遇到一个人称"活神仙"的算命先生，便前去求教："我们此番能考中几个？"

算命先生闭上眼睛掐算了一会儿，然后竖起一根指头。

三个秀才不明白是什么意思，请求说清楚一点。

算命先生说："天机不可泄露，以后你们自会明白。"

后来三个秀才只考中了一个，那人特来酬谢，一见面就夸奖说："先生料事如神，果然名不虚传。"还学着当初算命先生那样竖起一根指头说："确实'只中一个'。"

秀才走后，算命先生的老婆问他：“你怎么算得这么准呢？”

算命先生嘿嘿一笑说：“你不懂其中的奥妙，无论结果如何我都能猜对。”

你知道这是为什么吗？

120. 阿凡提的故事

有一个穷人找到阿凡提说：“咱们穷人真是难啊！昨天我在巴依财主开的一家饭馆门口站了一站，巴依说我闻了他饭馆里的饭菜的香味，叫我付钱，我当然不给。他就到法官喀孜跟前告了我。喀孜决定今天判决。你能帮我说几句公道话吗？”

“行，行！”阿凡提一口答应下来，就陪着穷人去见喀孜。

巴依早就到了，正和喀孜谈得高兴。喀孜一看见穷人，不由分说就骂道：“真不要脸！你闻了巴依饭菜的香气，怎么敢不付钱！快把饭钱算给巴依！”

“慢着，喀孜！”阿凡提走上前来，行了个礼，说道，“这人是我的兄长，他没有钱，饭钱由我付给巴依好了。”

你知道阿凡提是怎么帮穷人出气的吗？

121. 反驳

甲乙两个人都喜欢诡辩。有一天，二人争论起“爸爸和儿子哪一个聪明”的问题。

甲说：儿子比爸爸聪明，因为众所周知，创立相对论的是爱因斯坦，而不是爱因斯坦的爸爸。

听了甲这句话，乙该如何反驳呢？

122. 丈夫的特异功能

新婚的妻子趁着丈夫去洗澡的时候把新买的零食藏在电视机后面。可没有想到丈夫洗完澡后一下子就找出了妻子藏的零食。妻子很不甘心，走进浴室，嘟囔着说：“你怎么可能看到啊，咱家浴室的门是毛玻璃的。就算离得很近去看，也看不清楚我在外面干什么。况且我已经看到你把浴室门关紧了！”

丈夫说：“哈哈，你还想骗我，我可是有特异功能的！休想偷偷地吃这些垃圾食品！”

丈夫真的有特异功能吗？他是怎么知道妻子藏零食的地方的呢？

123. 判决

一对夫妇结婚后生了一个孩子，没几年，夫妻关系越来越不好，最后不得不离婚。但他们都不想要孩子，而都想争夺房产。二人互不相让，最后只好对簿公堂。

法官知道就算把房子和孩子的抚养权交给同一个人，也无法保证孩子能够得到好的待遇。他想了很久终于想出一个好办法。

你知道是什么办法吗？

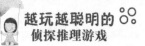
124. 什么关系

一天警察小张在街上看到局长带着个孩子，于是和局长打招呼："王局长，这孩子是你儿子吗？"王局长回答说："是的。"

小张又问小孩："孩子，他是你父亲吗？"

孩子回答："不是。"

两个人都没有说谎，你知道这是怎么回事吗？

125. 上当的国王

有一个犯人因盗窃罪被判死刑。

罪犯便向国王提出一个要求，希望在行刑之前能有机会读完《圣经》。国王答应了这个要求。可是没想到这也相当于取消了罪犯的死刑判决。

你知道这是怎么回事吗？

126. 惯偷

在人群熙攘的火车站出站口处，一位丢失了旅行箱的旅客偶然发现自己的旅行箱竟然被另外一名年轻人拉着往外走。他马上追过去，问道："这个箱子是我的，你怎么拿着我的旅行箱？"

年轻人愣了一下，然后马上说："不好意思，我拿错了。"说完将箱子还给了那名旅客，然后继续往前走。

这一切都被在旁边巡逻的民警看在眼里，他马上意识到什么，于是上前盘查。果然，他是一个经常趁人多的时候偷别人旅行箱的惯偷。

你知道警察是怎么看出来的吗？

127. 聚餐

周末，小明一家人聚餐，一共五个人，他们想炸东西吃，但每个人想要的酥嫩程度不同。奶奶牙口不好，要吃炸 10 分钟的炸薯条；爷爷喜欢吃鱼，要吃炸 5 分钟的小黄鱼；爸爸也想吃小黄鱼，但他喜欢嫩一点的，只需炸 1 分钟；妈妈喜欢脆脆的口感，想吃炸 15 分钟的炸薯条；而小明想吃炸 10 分钟的炸春卷。

如果这家人只有一个炸锅，那么做这顿饭至少需要多长时间？

128. 回敬

孔融小时候非常聪明，有很多人都当面夸他。一次，一位眼红的官员却打击他说："很多小时候聪明的人，长大了以后就不怎么样了。"小孔融马上回敬了一句话，就让对方满脸羞愧。

你知道孔融说了什么吗？

129. 聪明的杨修

一次，曹操收到一盒酥饼，就在盒子上竖着写了"一合酥"三个大字，放在了门口的案台上。大家都不明白是什么意思，主簿杨修看见了，就把酥饼分给大家一起吃了。曹操满意地笑了。

你知道曹操写的三个字是什么意思吗？

130. 审问大树

从前，有个年轻人父母早亡，自己一个人生活。一年，官府要求他去服兵役。年轻人便把家中所有财产——一锭金子交给邻居保存。三年之后，年轻人的兵役到期回家，找邻居拿回金子。可是邻居不承认，说没有这回事。无奈，年轻人将邻居告上官府。县官当面审问年轻人的邻居，可是他矢口否认。年轻人大喊："难道你忘记了吗，我在一棵大树下面把那锭金子交给你，你还说要写个收据给我，我没要。"

邻居矢口否认，说是没有的事。

县官说："那好，现在我们只有去找那棵树做证人了。"说完叫一名衙役带着年轻人去找那棵大树求证。

过了半个钟头，县官看了看太阳，又看了看邻居，说："这么久了，他们应该到了吧。"

邻居说："还到不了。"

又过了一个小时，县官说："他们应该往回走了吧。"

邻居道："是该往回走了。"

又过了一会儿，衙役带着年轻人回来了。可是年轻人哭丧着脸说："老爷，大树不会说话，怎么给我作证啊！"

县官笑着说："它已经做完证了。"

说着就判定邻居交出金子并赔偿年轻人一定的利息。

你知道县官是怎么知道邻居贪钱的吗？

131. 禁止吸烟

某工厂的一位车间主任看见工人小王上班时在车间里吸烟，就批评他说："厂里有规定，工作时禁止吸烟！"

但是聪明的小王马上说了一句话，让主任无话可说。

你知道小王说了句什么话吗？

132. 立等可取

一天上午，小李到一家钟表修理店修表，修表师傅接过手表看了看说："下午来取。"

小李说："怎么还要下午取呢？店门外挂的牌子上不是写着'立等可取'吗？"

你知道修表师傅是如何辩解的吗？

133. 广告

有人写了这样一条横幅广告挂在门前：酿酒缸缸好做醋坛坛酸。

广告没有加标点符号，其原意是"酿酒缸缸好，做醋坛坛酸"。岂知有一位不怀好意的人看了广告后，顺手加了一个标点，把广告的意思改变了。

你知道他是怎么加的吗？

134. 牌子上的规定

人们在某路边不远的一个僻静处立了一块牌子，上面写着："行路人等不得在此大小便"。

其本意是："行路人等，不得在此大小便。"

一天，一个人实在等不及了，就在这里小便了，很快被人抓住，要罚款。这个人灵机一动，指着这句没有标点符号的话，解释了一番，说自己遵守了牌子上的规定，不应该被罚款。

你知道他是怎么解释的吗？

135. 日近长安远

晋明帝只有几岁的时候，有一天在他父亲身边玩耍，正巧碰上从长安来的使臣。

父亲问他："你说太阳和长安哪个离你近？"

儿子答："长安近。因为没有听说过有人从太阳那边来，不就是证明吗？"

父亲听了很高兴，想把自己的儿子当众夸耀一番。

第二天当着许多大臣的面又问他："你说太阳和长安哪个离你近？"

"太阳离我近。"这个孩子忽然改变了答案。

父亲感到惊奇，便问他说："你为什么和昨天说的不一样呢？"

你知道他是怎么回答的吗？

136. 子非鱼，安知鱼之乐

《庄子》外篇《秋水》中记载着庄子与惠施在桥上观鱼时的一段对话。

庄子说："鲦鱼出游从容，是鱼之乐。"

惠施问："子非鱼，安知鱼之乐？"

你知道庄子是怎么回答的吗？

137. 失窃的药品

一天，某医院的药房里丢失了一瓶药。装药的瓶子上只标着药的化学式。医院的保安称，曾发现小偷，但是没有追上，被他逃了。而且小偷戴着面罩，看不清是

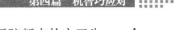

谁。警察经过调查，初步断定嫌疑人有以下三人：一个是医院新来的实习生；一个是地质学教授，在外出工作时摔断了腿，住进了骨科病房；一个是樵夫，上山砍柴时被野兽袭击，在急诊病房休息。警方检查了药房，发现没有其他物品被盗。

请问，到底谁才是小偷？

138. 进化论

英国伟大的生物学家达尔文于 1859 年出版了他的名著《物种起源》一书，这对于宗教世界观是一个极大的威胁。

1860 年 6 月 28—30 日，英国教会在牛津召开了反对达尔文学说的会议。在这次会议上，一位自负很有"辩才"的主教威尔勃福斯发表了攻击进化论的长篇演说，他的演说暴露了他对达尔文学说的完全无知。然而凭着"辩才"，他的话很动听，不时地引起了贵妇们的阵阵哄笑。

后来威尔勃福斯完全离开了议题，对参加这次会议的英国著名生物学家赫胥黎施展恶意的嘲弄。他说："赫胥黎教授就坐在我的旁边，他是想等我一坐下来就把我撕成碎片的，因为按照他的信仰，他本是猴子变的嘛！不过，我倒要问问，你这个猴子子孙的资格是从哪里得来的？与猴子发生关系的是你的祖父这一方，还是你的祖母一方？"

你知道聪明的赫胥黎是怎么应答的吗？

139. 聪明的男孩

有个小男孩，有一天妈妈带着他到杂货店买东西，老板看到这个可爱的小男孩，就打开一罐糖果，要小男孩自己拿一把糖果。但是这个男孩却没有任何动作。

几次邀请之后，老板亲自抓了一大把糖果放进他的口袋中。

回到家中，母亲好奇地问小男孩，为什么没有自己去抓糖果而要老板抓呢？

你知道小男孩是怎么回答的吗？他为什么没有自己去抓糖果呢？

140. 两根金属棒

有两根外表一样的金属棒，其中一根是磁铁，另一根是铁棒。

你能否不用任何工具就将它们分辨出来？

141. 破译密电

公安机关截获某犯罪团伙的一封密电。电文如下："吾合分昌盉旮垄聚鑫。"

你能破译这封密电吗？

142. 水果密码

经过破译敌人密码，已经知道了"香蕉苹果大鸭梨"的意思是"星期三秘密进攻"，"苹果甘蔗水蜜桃"的意思是"执行秘密计划"，"广柑香蕉西红柿"的意思是"星期三的胜利属于我们"。

那么，"大鸭梨"的意思是什么？

143. 圣经

哥哥和弟弟玩藏东西游戏。哥哥说："我把一张百元钞票藏在了咱家书架上那本《圣经》的第49、50页之间了。"弟弟一听，马上否定了哥哥说的话。

你知道弟弟为什么这么肯定吗？

144. 装睡

小明每次装睡的时候都会被哥哥发现，小明觉得很奇怪，就问哥哥原因。哥哥说："那是因为我有特异功能！"

真的是这样吗？

145. 青铜镜

考古学家在西北某地发掘到了一面罕见的青铜镜。青铜镜背面除了一些装饰花纹外，居中铸着一只猴子和一头牛，奇怪的是这猴子和牛只有身子却没有头。

考古学家们经过反复研究，认为这个图案很可能隐藏着青铜镜的制造年代。王教授对猜谜颇有研究，他分析说这两个图案表示着两个字，把这两个字结合在一起，正符合中国古代天干地支纪年法，也确实暗示着制造的年代。

那么，你知道这个青铜镜的制造年代吗？

146. 破解短信

公安机关截获某犯罪团伙的一条短信，内容如下："青争人圭木娄王久号虎耳又牛勿"。

你能破解这条短信吗？

147. 骑不到的地方

儿子和爸爸坐在屋中聊天。儿子突然对爸爸说："我可以骑到一个你永远骑不到的地方！"爸爸觉得这不可能。

你认为可能吗？

148. 雷击事件

小明和小红在野外游玩，遇上大雨，天空中闪电打雷很恐怖，野外又没有避雨的地方。小明就指着前面的一棵树说："我们去那棵树下躲雨吧，昨天刚有个人在那棵树下被雷劈了。根据概率，一个地方被雷劈两次的概率几乎为零。所以我们在那里是安全的。"

请问，这种说法正确吗，为什么？

149. 最聪明的人

兄弟三人互相吹捧自己，老大对别人说："我是中国最聪明的人。"老二说："我是世界上最聪明的人。"

如果你是老三，你应该怎么说才能胜过这两个人呢？

150. 闭门失窃

怪盗基德坐在特快列车的一节卧铺车厢里。半夜时分，趁其他旅客熟睡之际，他钻进 3 号车厢的一个单人包间，偷走了该车厢珠宝大王准备展出的一枚镶满钻石的复活节彩蛋。

这趟列车是直达列车，中间不停车，将在早上 7 点钟准时到达目的地。带着这个价值连城的复活节彩蛋的珠宝商在早上 6 点起床时发现宝物丢失了，便报了警。车上的乘警马上带人对车上的人逐一盘查。

可是仔细搜查了每一名旅客的身上和行李等处，都没有发现那个拳头大小的彩蛋。这趟列车的车门是自动控制的，如果有人打开肯定会有记录，而车窗都是全封闭的。

这个彩蛋到底去哪里了呢？

151. 聪明的阿凡提

有一天，国王把阿凡提叫到皇宫里，想出些难题考考他。国王问道："你知道王宫前面的水池里的水共有几桶吗？"

当时大臣们一想，这个问题很不好回答，都暗暗地替阿凡提担心。但阿凡提眨眨眼睛，很快说出了一个让国王满意的答案。

你知道阿凡提是怎么回答的吗？

152. 粗心的神父

神父有一个贵重的十字架，上面镶有很多价值连城的钻石，钻石的排列如下图所示：

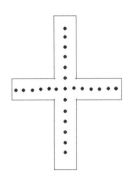

但是神父也不知道十字架上钻石的总数，他每次只是从上面开始数，数到中间那一颗的时候再分别向左、向右、向下继续数，每次都是 13 颗。有一次，这个十字架出了点问题，神父叫修理匠来修一下。这个修理匠很贪财，他知道神父数钻石的方法，于是他偷偷地把钻石拿走了两颗，而神父却没有发现。

你知道他是如何做到的吗？

153. 讹人的下场

有一次，县令外出，看到一群人围着两个人议论纷纷，便命停轿下去查问。

一个中年胖男子立刻跪倒在地，对县令说："我装着十五两银子的钱袋被这个年轻人拾到了。可是，他说钱袋里只有十两银子。"

那个年轻人急忙跪下说："老爷，我早晨给我妈妈买药，拾到一个装着十两银子的钱袋。因为着急就先回家送药，母亲催我回来等失主。这位先生来了硬说里面是十五两银子！"

众人都说胖男子讹人，替年轻人喊冤。县令见状便问胖男子："你丢的银子真的是十五两吗？"

"确确实实是十五两银子。"胖男子肯定地回答道。

县令当即对胖子说了句话，众人都拍手称快。

请问：县令说了句什么话？

154. 丢失的螺丝

一位司机开着车去见朋友，半路上忽然有一个轮胎爆了。他把轮胎上的四个螺丝拆下来，然后从后备厢里把备用轮胎拿出来时，不小心把这四个螺丝都踢进了下水道。

请问：司机该怎么做才能使轿车安全地开到附近的修车厂呢？

155. 保管盒子

有三个小偷，偷了一颗价值连城的钻石，他们在如何保管赃物上达成协议："在钻石未兑成现款之前，由三人一起保管，须三人同时同意方可取出钻石。"

一天，他们来到浴室洗澡，便把装钻石的盒子交给老板，并吩咐：要在三人同时在场时，方可取回盒子。

在洗澡时，丙提出向老板借把梳子，并问甲、乙是否需要，二人都说："需要。"于是丙到老板那里，向老板索取盒子，老板拒绝了。丙向老板解释，是另外二人要他来取的，并大声对甲、乙喊："是你们要我来取的吧？"甲、乙还以为是梳子一事，就随口应道："是的。"老板听后无话可说，便把盒子交给丙。丙带着盒子逃走了。

甲、乙二人等了好久不见丙回来，感到事情不妙，赶忙来到老板处取盒子，发现已被丙骗走了，于是揪住老板要求赔偿。老板说是征得你们二人同意的，二人坚持说丙问的是梳子，并且三人也没同时在场。甲、乙非要老板交回盒子，正僵持不下，老板灵机一动，说了一句话，二人听了，只得垂头丧气地走了。

你知道老板究竟说了句什么话吗？

156. 电话的暗语

陈婧在香格里拉大酒店被歹徒挟持，歹徒逼迫她当着他们的面给家里打电话报平安。她只好照办，在电话里她说："亲爱的老公，您好吗？我是陈婧，昨晚不舒服，不能陪您去酒吧，现在好多了，多亏香格里拉大酒店的经理上个月送的特效药。亲爱的，不要和我这样的'坏人'生气，我们会永远在一起的，请您原谅我的失约，我的病很快就会好了。今晚赶来您家时再向您当面道歉，可别生我的气呀！好吧，再见！"

可是5分钟后，警察突然出现在他们面前，歹徒不得不举手投降。你知道陈婧是怎么报案的吗？

第五篇

不可能案件

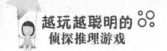
157. 顺利通行

两个村子之间只有一座小桥可以通过，但是由于两个村子村民之间有世仇，所以村长禁止两个村子的村民互相来往。于是，他们在桥的中间设了一个关卡，由一名村民负责看守。

通过整座小桥至少需要 10 分钟，而看守人大部分时间在屋子里，只是每隔 7 分钟会出来看一次，如果发现有人想通过小桥到对岸去，就把他叫回来，禁止他通过。

有一天，一名村民要去另一个村子办事，他需要怎样做才能顺利地通过这座小桥呢？

158. 如何分辨

你是一名海警，在海上追捕逃犯的时候，船触礁沉没了。一个人流落在一座孤岛上，救援人员十天后才能到达(今天是第 0 天)。你有 A 和 B 两种药片，每种 10 粒。每天你必须各吃一片才能活到第二天。但是你不小心把两种药片混在一起无法分辨了。

你会怎么办？

159. 聪明的商人

一伙强盗抓住了一个商人，强盗头目对商人说："你说我会不会杀掉你，如果说对了，我就把你放了；如果说错了，我就杀掉你。"

商人一想，说："你会杀掉我。"于是强盗把他放了。

你知道这是为什么吗？

160. 所罗门断案

《圣经》中有这样一个所罗门国王判案的故事。

有两位母亲都说自己是一个孩子的真正母亲，她们争执不下，只好请求所罗门国王来判决。所罗门国王拿出一把剑，声称要将孩子一分为二，给两位母亲一人一半。这时，真母亲不忍心看着自己的孩子被杀掉，因此提出宁愿将孩子判给对方；而假母亲则觉得反正自己得不到，所以同意杀婴。所罗门国王通过对比她们的表现，就知道了愿意让出孩子的母亲才是孩子真正的母亲，于是宣布把孩子判给这位真正的母亲。

这个故事不仅向我们展示了母爱的伟大，也向我们昭示了所罗门国王的智慧。

然而，所罗门国王的方法真的这么容易就能成功吗？

161. 通过桥梁

战场上，双方激战正酣。其中的一方为了能够尽快地取得最后的胜利，就派出了威力强大的炮兵来协助作战。可当炮车队要通过一座桥梁时，却发现桥头立着的一块石碑上醒目地写着这座桥的最大载重量是 25 吨,可每辆炮车的重量都是 10 吨,再加上 20 吨重的大炮,其重量明显超过了桥的载重量。到底应该怎么办呢?就在所有人都一筹莫展的时候,参谋长却突然想到了一个可行的方案。按照他的这个想法,炮车队竟然很快就开过了这座桥,并协助自己的军队取得了最后的胜利。

请问,参谋长是如何使炮车和大炮顺利地通过桥梁的呢?

162. 父母和孩子

父母有时候会做出一些孩子无法接受的决定,在这个时候,父母常常这样给自己辩解:"我们生活经验更丰富,对事物的判断也更加成熟,所以我们知道什么是对孩子好的。"于是他们也这样告诉孩子:"你还小,所以不懂。等你长大懂事后自然就会明白我们这是为你好。"

然后孩子服从了父母的决定,但是随着年纪逐渐增长,孩子并没有看出当年父母作决定的道理,反而更加坚信那个决定是错的。于是孩子满十八岁以后质问父母:"当年你们说等我长大后就会明白你们是为我好,现在我长大了,我怎么没看出你们当初的决定有什么好的地方?"

想必父母这时候一定很尴尬,你该如何为这样的父母解围呢?

163. 巧取约会

"逻辑博士"的女儿是位绝佳美人,很多小伙子都对她动心了。不过,这位小姐生性羞怯,如果直截了当地请她吃饭,可能会遭到拒绝。但是,她毕竟是"逻辑博士"的女儿,对逻辑推理很感兴趣。

一个逻辑爱好者想追求这位女孩子,突然间,他想起了哈佛大学的数学家吉尔比·贝克的锦囊妙计,顿时心花怒放,喜上眉梢。

于是他对这位漂亮的女孩子说:"亲爱的,我有两个问题要问您,而且都只能回答'是'或'不是',不准用其他语句。但在正式提问之前,我要同您先讲好,您一定要听清楚之后再郑重回答,而且两个问题的答案都必须在逻辑上是完全合理的,不能自相矛盾。"

女孩子略微想了一下,感到非常有趣,于是,她爽快地说:"好吧!那就请您发问吧!"

请问:如果你是这个男孩子,你该怎样提问,才能达到请这位小姐吃饭的目的呢?

164. 饭店的门牌

某日,某饭店里来了三对客人:两个男人,两个女人,还有一对夫妇。他(她)们开了三个房间,门口分别挂上了带有标记"男男""女女""男女"的牌子,以免互相进错房间。但是爱开玩笑的饭店服务员却把牌子巧妙地调换了位置,弄得房间里的人和牌子全对不上号。

在这种混乱的情况下，据说只要敲一个房间的门，听到里边的一声回答，就能全部搞清楚三个房间里的人员情况。

你说，要敲的该是挂有什么牌子的房间？

165. 三名囚犯

有一个牢房，有三个犯人关在其中。

因为玻璃很厚，所以三个人只能互相看见，而不能听到对方说话的声音。

有一天，国王想了一个办法，给他们每个人头上都戴了一项帽子，只让他们知道帽子的颜色不是白的就是黑的，不让他们知道自己所戴帽子是什么颜色的。

在这种情况下，国王宣布两条规定如下。

(1) 谁能看到其他两个犯人戴的都是白帽子，就可以释放他。

(2) 谁知道自己戴的是黑帽子，就释放他。

其实，他们戴的都是黑帽子，但因为被绑，看不见自己罢了。于是他们三个人互相盯着不说话。

可是不久，较机灵的 A 用推理的方法，认定自己戴的是黑帽子。

请问：他是怎样推断的？

166. 两个空心球

一个小偷偷了一个大金球，然后他将这个金球与一个同样大小的空心铅球放在了一起，并在表面涂上了相同颜色的油漆。伪装好之后，警察追了过来，看到了两个球，无法区分。

你能在不破坏表面油漆的条件下，用简易方法指出哪个是金的，哪个是铅的吗？

167. 消失的邮票

王老先生家里有一枚珍贵的邮票，可谓价值连城。一年春节将至，王老先生打算去 300 公里外的北京去看望女儿一家，在路途中被一伙垂涎王老先生邮票已久的劫匪绑架了。劫匪知道，王老先生独自一人居住，去看女儿一家不可能把那么珍贵的邮票留在家中，必定随身携带。

"要想保命，就乖乖地把邮票交出来。"劫匪的头目威胁说。

"我没有随身携带。"王老先生回答说。

"骗谁啊！你家里没人怎么可能留在家中！"

"既然你们不信，那就搜好了。"

一个喽啰搜遍了王老先生的箱包口袋，只找到一些衣物、洗漱用品、几百元钱以及一张女儿寄给他的明信片，上面有女儿家的地址。

小喽啰指着明信片上的邮票问头目："是明信片上贴着的这张邮票吧？"

"你傻啊，那么重要的邮票，你会把它粘到明信片上吗？那只是一张再普通不过的邮票，不值钱。我们要的邮票只有它的一半大小，上面有一条龙。"

"那没有了，他不会真的留在家里了吧？"

劫匪们又仔细地找了一遍，还是一无所获。

你知道王老先生把邮票藏到哪里了吗？

168. 转移财产

一次战争中，在某军集中营里，囚禁着一位年迈的老人。他是一位非常有钱的人，但敌军在逮捕他的时候，根本没有找到一分钱，甚至还发现他有很多债务，这与老人公司的账户记录非常不符。敌军希望在监控中发现老人财产的去处，但是一年多下来，老人除了很珍视女儿的一封信之外，没有发现其他异常之处。有一天，老人说："想得到我的财产可以，但必须先允许我寄封信给我女儿。你们放心，我不用你们替我出邮费，把我女儿给我这封信上的邮票揭下来贴到这个上面就行。"敌军反复检查了信的内容后，没有发现异常，就同意了。谁知，过了几天，老人说："我已经把我的财产从你们眼皮底下转移走了。"

这到底是怎么回事呢？

169. 消失的赎金

一位上市公司董事长的孙子被人绑架了，被绑匪勒索100万元赎金。

犯人要求把钱用布包起来，放进皮箱。晚上10点，放在街角公园门后的垃圾箱旁。董事长为了孙子的安全，只好按照要求做了，并派人暗中监视。10点刚过，就有一个拾荒者走到垃圾箱前，拿起皮箱转身就走。董事长派的人立即开始跟踪。只见拾荒者走了一段路后，拦下了一辆出租车，到了市里最大的一家超市拿着箱子下了车，并将箱子存放在了超市的储物柜中，然后一个人走了。跟踪者守住储物柜，心想一定还会有人来拿，可过了很久都没有人。他们觉得不太对劲，就过去打开箱子一看，箱子竟然是空的。

你知道这是怎么回事吗？那100万元赎金哪里去了？

170. 撒谎的贼首

一个财主的金库被一伙盗贼洗劫，丢失了200枚金币，财主告了官。不久，一个贼首来到官府自首说，盗窃行为是自己的21名手下做的，与自己无关，但是作为首领也有责任。所以他公布了21名参与盗窃的手下的名字，并指出，这21名盗贼每人分得一定数量的金币，最少1枚，最多11枚，而且每个人分得的金币数都是奇数。听到这里，县官就抓住了贼首，说："你在撒谎，盗窃一定与你有关！"

请问，县官是怎么知道贼首撒谎的呢？

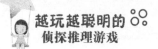

171. 走私物品

彼得的工作是在边卡检查入境车辆是否携带了走私物品。

经过一段时间的观察，他发现有个看上去很有钱的人每天都会开着一辆宝马车入境，车上只有一大包不值钱的棉花。

彼得每次都会叫住他，仔细检查他的棉花包，看其中是否携带了什么贵重物品，但每次都一无所获。多年的经验告诉自己，这个人一定是在走私什么物品，只是苦于没有证据。

你知道这个人走私的是什么吗？

172. 取货地点

警察截获了一份毒贩之间联系的信息，上说："明日下午四点在街口公园中心的松树顶取货。"

警察迅速赶到现场，发现附近只有一棵松树。但是树很高，根本无法在上面放东西。这是怎么回事呢？难道信息有误？应该不会。他们经过认真推理，终于在信息中约定的时间和地点找到了毒品。

你知道这是怎么回事吗？

173. 遗产

张三的伯父去世了，因为没有其他亲属，便留下遗嘱说将自己数百万元的遗产全部留给张三。这天，张三赶到伯父家中处理遗产。清点之后发现，只有少量现金和一张存折，数目也不多。打开保险柜，里面除了一些证件、户口本之外，还有一个信封。信封很普通，上面贴着两枚陈旧的邮票，没有写地址和收信人。遗嘱就放在这个信封里。就算加上这栋房子，也只值几十万元。伯父说的数百万元的遗产到底在哪儿呢？

174. 车祸现场

在一个漆黑的晚上，路边没有路灯，一个年轻人准备过马路。这条马路不宽，仅仅能容下两辆汽车并排而行。当年轻人走到路的中间时，突然发现左侧路的中间开来一辆汽车，两只闪亮的车灯晃着他的眼睛。他赶紧加快脚步，想着走到路边就可以躲过了。没想到他到了路边却还是被撞了。

你知道这是为什么吗？难道这辆车有那么宽吗？

175. 偷运黄金

警方收到线报说怪盗基德要从邻国走私一百公斤的黄金进境，于是组成专案组稽查。这天，守株待兔的专案组在海关等到了进境的基德。"这么多的黄金，看他怎么在这么多人眼皮底下通过海关！"

"你们要干什么？我这车上可没装什么违禁物品呀！"基德抗议道。

"你说谎，那一百公斤的黄金就藏在你的车上吧！我们的线报一向很准确的。"警察们开始检查基德驾驶的汽车。可是，搜来搜去，连轮胎和座椅都检查过了，一克黄金也没找到。警察们颇感失望。

线报当然是没错的，你知道基德将那一百公斤的黄金藏在哪儿了吗？

176. 里程表之谜

一天，警察接到一个人报案称，自己新买的钢琴被人偷走了。警察马上到现场查看。报案人称自己今天买了一架钢琴，用车子运了回来。由于自己一个人搬不到楼上去，便去邻居家找人帮忙。但是邻居家里有些急事，需要处理完才能帮自己，所以等他带着邻居回来的时候，已经是一个多小时以后了。这时他才发现钢琴不见了，但是车还在。

"钢琴那么重，谁会把它偷走呢？又是怎么偷走的呢？"报案人非常费解。

"会不会是有人开着你的车偷走了钢琴，然后又把车还了回来呢？"警察猜测说。

报案人看了看汽车的里程表，说："不可能，我回来的时候刚看过，是 1258公里，现在还是 1258 公里，一点都没有变。"

最后，警察经过多方调查，终于抓到了这个钢琴窃贼，而且他竟然真的是用报案人的车运走的钢琴。

你知道窃贼到底是如何做到的吗？

177. 探险家的位置

有位探险家在一个地方插了一杆旗，然后他从这杆旗出发往南走 100 米，再往东走 100 米，这时他发现那杆旗在他的正北方。

请问这位探险家把旗插在了地球的哪个位置？

178. 曝光的底片

侦探小五郎派助手去跟踪一位嫌疑犯，拍摄下他们违法交易的证据。经过十几天昼夜不断的努力，助手终于完成了任务。就在返回的途中，在旅馆里，助手突然发生了咳嗽，到了医院怀疑是肺结核，需要拍 X 光确认。没办法，助手只好去照 X光。结果显示肺部没有什么问题，应该只是普通的感冒。助手放下心来，马上赶回侦探事务所向小五郎交差。可是当小五郎拿到底片的时候，却发现全部曝光了。

这到底是怎么回事呢？是助手拍摄的时候疏忽了，还是之后什么时候不小心把底片曝光了呢？

179. 赎金哪里去了

一位富翁的独生子被绑架了。绑匪要求把 100 万元人民币的赎金装在手提包里，于第二天晚上 12 点让他的司机在中央公园的雕塑旁挖一个坑埋进去。

富翁心急如焚，立刻报了警。警方决定派警察埋伏在公园的雕塑旁监视。晚上 12 点的时候，司机开着车，带着装有 100 万元人民币的手提包来到公园，按照绑匪的要求，挖了一个很深的坑把手提包埋了起来，然后空手走了。

警察们紧紧地盯着雕塑旁的动静。可是直到第二天中午，还是没有看见有人来取钱，而富翁的儿子已经回家了。警察不知道绑匪耍了什么花招，于是挖开埋钱的坑，手提包还在，而钱却不翼而飞了！

请你想一想，赎金会在哪里？绑匪又是谁？

180. 指纹哪里去了

为跟踪逃犯，一名便衣警察走进了酒吧。一位年轻漂亮的女子迎面擦肩而过，出了酒吧。这个女子大约 25 岁，打扮入时，化了很浓的妆。警察忽然想起这个女人正是前几天追捕的诈骗犯。他立刻追了出去，但诈骗犯已不知所踪。警察转身回到酒吧，展开调查。他把女子用过的酒杯加以检验，但是，上面却没有留下任何指纹。警察很清楚地记得，那名女子并没有戴手套，怎么会没有留下指纹呢？

请问诈骗犯是怎么做到的？

181. 神秘的绑架案

某公司董事长的儿子被绑架了。绑匪开口要 20 万元人民币赎金，并且强调要用一个普通的大旅行袋装这些钱，于第二天上午在家附近的邮局邮寄，地址是邻市的花园路 8 号，收件人龚宇华。绑匪还威胁不能报警，否则孩子就没命了。董事长派自己的私家侦探前往邻市调查，发现城市名和地址都是真的，但收件人却是假的。难道绑匪不要赎金了吗？忽然，侦探灵机一动，发现了这宗绑架案的真实面目。

第二天，他捉到了这名绑架犯，成功地解救了小孩。

你知道绑匪是谁吗？

182. 自杀的破绽

一天早晨，某公司总经理被发现死在了自己的公寓中。他躺在床上，全身覆盖着被子，只有脑袋露在外面，右边太阳穴有一个弹孔，掀开被子后发现他的右手握着一把手枪。在床边的柜子上有一张纸条，上面写着："我痛恨股市！"这似乎是指近期股市大跌导致公司亏空一事。但是，警察马上断定，这是一起谋杀后伪装成自杀的案例，因为出现了一个重大破绽。

你知道是为什么吗？

183. 消失的字迹

张三和李四是生意伙伴，一次两人合作做一场生意，张三带的钱不够，便向李四借了 20 万元。由于没有找到合适的稿纸，张三便拿出了一张自己的名片，用自己的钢笔写下了"张三从李四处借款人民币贰拾万元整"的字样，并签上了自己的名字和日期。过了一段时间，到了约定还钱的日子，张三却迟迟不还钱。李四就找到张三来要。张三耍赖说："我向你借过钱吗？我怎么不记得呢？你有凭据吗？"

李四马上找出张三写有字据的名片，可是奇怪的是，上面竟然一个字都没有。

你知道张三是如何做到的吗？

184. 消失的扑克牌

计算机课上，老师说："今天我给你们做一个测验，你们打开电脑桌面上的附件，背景上浮现出大卫·科波菲尔的脸。然后，出现了六张扑克牌，都是不同花色的 J 到 K，每张都不一样。然后——你在心里默想其中的一张。不要用鼠标点击它，只是在心里默想。看着我的眼睛，默想你的卡片。默想你的卡片，然后点击空格键。"

我选了红桃 Q，一切都是按步骤来的，最后，我轻轻一击空格键，画面哗地一变，原来的六张牌不见了，然后出现了一行字：看！我取走了你想的那张卡片！我急忙去看，天哪！扑克牌只剩下五张，红桃 Q 不见了！真的不见了！！

大吃一惊的我，马上再来一遍，这次选了黑桃 K，几个步骤下来，黑桃 K 又不见了！

百思不得其解，其他的同学也同样惊讶，看来他们也被这神奇的魔术震慑住了。这时，老师说："你们是不是觉得很神奇呢？其实答案很简单。"他说出了谜底。他的回答令我再次失声惊呼：竟然这样简单！

你知道这个魔术是怎么变的吗？

185. 洗牌的手法

有一天，豆子和小羽在看电视上的一个魔术节目。

节目里的魔术师邀请了五位现场观众上来参与表演：他先让观众检查他手上的牌有没有问题，然后请观众在 52 张扑克牌中任选 25 张。接着，魔术师将这 25 张牌分成五组，让五位观众各选一组，再从各自选择的那组中选出一张记在心里，就是不可以和任何人讲，没有人知道观众心里记的是什么牌，当然，魔术师也不知道。

这时候，魔术师将 25 张牌收回来，然后开始洗牌，只见其手法利落，纸牌如飞般地重新编组，然后他又将牌分成五组，先拿出第一组的五张，问五位观众，是否这五张中有他们心中的牌。并告诉他们：若有则点头，但不需说出是哪一张；若无则摇头。

当然，第一组牌问完后又问第二组牌，依次类推。

在五组牌全部确认完毕之后，魔术师从手中的牌里抽出五张，在五个观众面前分别放一张牌，然后问观众，是否这张牌就是他们心中记住的牌。

当然，结果就是他们心中记住的牌。

电视机旁的小羽拼命鼓掌。

"这不过是巧用数学罢了。"在一旁沉思已久的豆子兴奋地说，"如果我有他的洗牌技术，我也可以表演这个魔术。"

请问：豆子说的是真的吗？

186. 藏木于林

一天清晨，警察就接到报警电话称，一名形迹可疑的男子将偷来的钻石藏在饭店的一盆玫瑰花盆中。警察马上出动，但还是晚了一步，该男子已经抱着花盆离开了。警察马上开始追踪，在附近一个露天花圃中找到了该名可疑男子。这个花圃中有上百盆玫瑰花，到底哪个才是男子藏钻石的花盆呢？你能帮警察用最快的方法找出来吗？

187. 轮胎的痕迹

轮胎的痕迹就和我们人的脚印一样，有的时候可以帮助我们破案。一天，警察找到陈先生："门口停的那辆红色的车是你的吧？"

"是啊，怎么了？"陈先生问道。

"我们在一个犯罪现场发现了和你的车的轮胎一样的痕迹，特意过来调查一下。"警察回答说。

"什么时候的事情？我的车从上周末开始到现在已经3天没开了。"陈先生疑惑地回答。

"那你有没有借给别人，或者车钥匙有没有丢失过呢？"警察问。

"没有，我的车就停在门口，通过窗子我可以看到车顶，它确实3天都在门口。另外我有个习惯，每次用完车都会记下里程表，上次的记录是2万8000公里整。"说着带警察去看了下里程表，确实还是2万8000公里。

这到底是怎么回事呢？陈先生的车没有动过，为什么会在别处的案发现场出现他车的痕迹呢？

188. 亚历山大灯塔

远在2000多年前，埃及人建立了亚历山大灯塔，这座灯塔从公元前281年点燃，直到公元641年这座灯塔才最终熄灭。它日夜不息地燃烧了近一千年，这是人类历史上的奇迹。在那个年代，这座灯塔远远比金字塔要闻名于世。不过，当时灯塔周围有重兵保护，有一个商人很想测量出灯塔的高度。

你能为他想个办法吗？

189. 蒙住双眼的学生

课堂上，老师想考一下学生们的逻辑思维能力，于是设计了一个小游戏。

首先，老师找来七名思维能力都很强的学生，其中六名学生围坐成一圈，让第七名学生坐在中央，并拿出七项帽子，其中四项白色，三项黑色。然后蒙住七名学生的眼睛，给每个学生戴一顶帽子。

一切都准备好之后，老师解开坐在圈上的六名学生的眼罩。这时，由于坐在中央的学生的阻挡，边上的每个人都只能看到五个人头上的帽子，而看不到自己正对面那个人的帽子。

老师说："现在，你们七人猜一猜自己头上戴的帽子的颜色。"

大家静静地思索了好大一会儿，都没有人出声。

最后，坐在中央的被蒙住双眼的学生举手说："我猜到了。"

问：中央的被蒙住双眼的学生戴的是什么颜色的帽子？

他是怎样猜到的？

190. 打破预言

一天，一位预言家和他的女儿发生了争执。女儿大声说道："你是一个大骗子，你根本不能预言未来。"

预言家道："我当然能预言未来，不信我现在就可以证明给你看。"

女儿想了一下，在一张纸上写了一些字，然后把这张纸折起来压在一本书下面，说道："我刚才在那张纸上写了一件事，它在十分钟内可能发生，也可能不发生。请你预言一下这件事究竟会不会发生，在这张卡片上写下'会'或'不会'。如果你预言错了，你明天要带我去吃冰激凌好吗？"

预言家一口答应："好，一言为定。"然后他在卡片上写下了他的预言。

如果你是这个女儿，你该写个什么问题使自己获胜呢？

191. 仆人的难题

漂亮的别墅里有一个聪明的仆人，她深得主人的喜欢。有一天，她在楼上擦洗一个皮球时，不小心让皮球滚下楼去了。皮球蹦蹦跳跳正好跳到楼下铺满地毯的客厅中间了。主人走过来对仆人说："不准你踩着地毯，不准你使用任何工具，不用别人帮忙你能把皮球从客厅中间拿出来吗？"

"那我不踩地毯，爬进去拿行吗？"仆人望着屋子正中地板上铺的 6 平方米大的地毯说。

"不行。"主人答道。

"我知道该怎么做了。"仆人眼珠一转，突然有了主意。她用自己想出的办法，按主人的要求取出了皮球。

请你想一想，她是怎么做到的？

192. 有贼闯入

一天晚上，有个小偷闯入了侦探小五郎的家中，想要偷取他放在保险箱中的一份重要资料。小偷先用万能钥匙轻松地打开房门，然后打开灯，四处寻找保险箱的位置,终于在墙角一扇隐蔽的柜门后面发现了保险箱。正在他努力开保险箱的时候,突然听到有人开门的声音。小偷眼疾手快,关掉电灯,自己躲在了衣柜里,整个过程没有发出一点声音。

原来是小五郎回到了家中,只听小五郎打开灯,大声地说:"出来吧,我知道你在里面。"

小偷一看事情已经败露,只好怏怏地走了出来,不免好奇地问:"你是怎么知道我在里面的呢?我没有留下什么痕迹,也没有发出声响啊!"

"哈哈,是那个闹钟告诉我的!"说着用手指了指床头柜上的一只闹钟。小偷这才恍然大悟。

你知道那只闹钟是如何告诉小五郎有贼闯入的吗?

第六篇

区分真假话

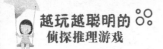
193. 真假分不清

小李家有三个孩子 A、B、C，他们三人的名字分别叫真真、假假、真假，真真只说真话，假假只说假话，而真假有时说真话有时说假话。

有一个人遇到了他们，于是问 A："请问，B 叫什么名字？" A 回答说："他叫真真。"

这个人又问 B："你叫真真吗？" B 回答说："不，我叫假假。"

这个人又问 C："B 到底叫什么？" C 回答说："他叫真假。"

请问：你知道 A、B、C 中谁是真真，谁是假假，谁是真假吗？

194. 警探的询问

达纳溺水死亡，为此，阿洛、比尔和卡尔被一位警探讯问。

(1) 阿洛说：如果这是谋杀，那肯定是比尔干的。

(2) 比尔说：如果这是谋杀，那可不是我干的。

(3) 卡尔说：如果这不是谋杀，那就是自杀。

(4) 警探如实地说：如果这些人中只有一个人说谎，那么达纳是自杀。

达纳是死于意外事故，还是自杀，甚至是谋杀？

提示：在分别假定陈述(1)、陈述(2)和陈述(3)为谎言的情况下，推断达纳的死亡原因；然后判定这些陈述中有几条能同时为谎言。

195. 三个问题

有甲、乙、丙三个精灵，其中一个只说真话，另外一个只说假话，还有一个随机决定何时说真话，何时说假话。你可以向这三个精灵发问三条是非题，而你的任务是从他们的答案找出谁说真话，谁说假话，谁是随机答话。

你每次可选择任何一个精灵问话，问的问题可以取决于上一题的答案。这个问题困难的地方是这些精灵会以"Da"或"Ja"回答，但你并不知道它们的意思，只知道其中一个字代表"对"，另外一个字代表"错"。

你应该问哪三个问题呢？

196. 仓库遭窃案

某仓库被窃。经过侦破，查明作案的人是甲、乙、丙、丁四个人中的一个人。审讯中，四个人的口供如下。

甲："仓库被窃的那一天，我在别的城市，因此我是不可能作案的。"

乙："丁就是罪犯。"

丙："乙是盗窃仓库的罪犯，因为我亲眼看见他那一天进过仓库。"

丁："乙是有意陷害我。"

问题一：现假定这四个人的口供中，只有一个人讲的是真话。那么(　　)。

A. 甲是盗窃仓库的罪犯

B. 乙是盗窃仓库的罪犯

C. 丙是盗窃仓库的罪犯

D. 丁是盗窃仓库的罪犯

E. 甲、乙、丙、丁都不是盗窃仓库的罪犯

问题二：现假定这四个人的口供中，只有一个人讲的是假话。那么(　　)。

A. 甲是盗窃仓库的罪犯

B. 乙是盗窃仓库的罪犯

C. 丙是盗窃仓库的罪犯

D. 丁是盗窃仓库的罪犯

E. 甲、乙、丙、丁都不是盗窃仓库的罪犯

197. 五个儿子

一个老财主，一辈子积攒了不少钱财。他有五个儿子，在儿子成家立业之后，财主将自己所有的财产分给了五个儿子，自己仅留了少量生活所用。若干年后，突遇一个灾荒之年，可怜的父亲要面临断炊了，所以不得不求助于五个儿子。

但是，经过了这么多年，有的儿子赚了不少，也有的儿子将家财败光了。他不知道现在哪个儿子有钱，但他知道，他们兄弟之间彼此都知道底细。

下面是他们五兄弟说的话。其中有钱的说的都是假话，没钱的说的都是真话。

老大说："老三说过，我的四个兄弟中，只有一个有钱。"

老二说："老五说过，我的四个兄弟中，有两个有钱。"

老三说："老四说过，我们兄弟五个都没钱。"

老四说："老大和老二都有钱。"

老五说："老三有钱，另外老大承认过他有钱。"

你能帮助这位老父亲判断出这五个儿子中谁有钱吗？

198. 走出迷宫

一位探险家去寻宝，在一大片原始森林里迷了路。他在里面走了很久，一直没有找到出口，这可把他吓坏了。这时，他来到一个三岔路口旁，发现每个路口都写了一句话，第一个路口上写着："这条路通向出口。"第二个路口写着："这条路不通向出口。"第三个路口上写着："另外两个路口上写的话，一句是真的，一句是假的。"如果第三个路口上的话是正确的，那么，探险家要选择哪一条路才能走出去？

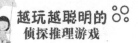

199. 聪明的仆人

一个员外有一位聪明的仆人，这天仆人无心犯了一个无法弥补的大错。员外念及仆人的功劳不想处罚他，但又担心其他人不服。于是员外想出一个办法，让两个丫鬟每人拿一张纸条，一张纸条上写着"原谅"，另一张写着"重罚"。而这两个丫鬟一个说真话，一个说假话，而且她们都知道自己手中的纸条写着什么。仆人只能问其中一个丫鬟一个问题，来询问哪个是免于处罚的纸条。

你知道仆人是怎样问的吗？

200. 四个人的口供

某珠宝店发生盗窃案，抓到了甲、乙、丙、丁四个犯罪嫌疑人。下面是这四个人的口供。

甲说：是乙做的。

乙说：是甲做的。

丙说：反正不是我。

丁说：肯定是我们四个人中的某人做的。

事实证明，这四个人的口供中有且只有一句是真话。

那么谁是作案者呢？

201. 真假难辨

师生聚会中，老师小刘突然问学生，上学的时候，谁向他说过谎？大家各自只说了一句话。

张三：李四说谎。

李四：王五说谎。

王五：张三和李四都说谎。

问：谁说谎，谁没说谎？

202. 从实招来

有个法院开庭审理一起盗窃案件，某地的 A、B、C 三人被押上法庭。负责审理这个案件的法官是这样想的：肯提供真实情况的不可能是盗窃犯；与此相反，真正的盗窃犯为了掩盖罪行，一定会编造口供的。因此，他得出了这样的结论：说真话的肯定不是盗窃犯，说假话的肯定就是盗窃犯。审判的结果也证明了法官的这个想法是正确的。

审问开始了。

法官先问 A："你是怎样进行盗窃的？从实招来！"A 回答了法官的问题："叽里咕噜，叽里咕噜……"A 讲的是某地的方言，法官根本听不懂他讲的是什么意思。

法官又问 B 和 C："刚才 A 是怎样回答我的提问的？叽里咕噜，叽里咕噜，是什么意思？"

　　B 说："禀告法官老爷，A 的意思是说，他不是盗窃犯。"

　　C 说："禀告法官老爷，A 刚才已经招供了，他承认自己就是盗窃犯。"

　　B 和 C 说的话法官是能听懂的。听了 B 和 C 的话之后，这位法官马上断定：B 无罪，C 是盗窃犯。

　　请问：这位聪明的法官为什么能根据 B 和 C 的回答，作出这样的判断？A 是不是盗窃犯？

203. 聪明的俘虏

　　西班牙小说家塞万提斯的代表作《唐·吉诃德》中有这样一个故事：有一个残暴的国王，统治着一个奇怪的国家。这个残暴的国王颁布了一条奇怪的法令，所有从前线抓回来的俘虏都要回答这样一个问题：你来这里干什么？如果回答的是真话，就用火烧死；如果回答的是假话，就绞死。看起来，任何俘虏都难逃厄运。

　　有一天从前线送来了一个俘虏，执法官按照惯例问他：你来这里干什么？

　　请问这个俘虏是怎么回答这个问题来保住性命的呢？

204. 今天星期几

　　在非洲某地有两个奇怪的部落，一个部落的人在每周的一、三、五说谎，另一个部落的人在每周的二、四、六说谎，在其他日子他们都说实话。一天，一位探险家来到这里，见到两个人，向他们请教今天是星期几。两个人都没有明确告诉他，只是都说："前天是我说谎的日子。"

　　如果这两个人分别来自两个部落，那么今天应该是星期几？

205. 分辨吸血鬼

　　在一个奇怪的岛上，住着两种居民：人和吸血鬼。有一年，这里发生了一场大瘟疫，有一半的人和吸血鬼都生了病，而且变得神经错乱。这样一来，这里的居民就分成了四类：神志清醒的人、神经错乱的人、神志清醒的吸血鬼、神经错乱的吸血鬼。从外表上是无法将他们区分开的。他们的不同在于：凡是神志清醒的人都是说真话的，但是，一旦精神错乱了，他就只会说假话了。

　　吸血鬼同人恰好相反，凡是神志清醒的吸血鬼都是说假话的，但是，他们一旦神经错乱，反倒说起真话来了。这四类居民，讲话都很干脆，他们对任何问题的回答，只用两个词："是"或"不是"。

　　有一天，有位"逻辑博士"来到这个岛上。他遇见了一个居民 P。"逻辑博士"很想知道 P 是属于这四类居民中的哪一类。于是，他就向 P 提出一个问题。他根据 P 的回答，立即就推定 P 是人还是吸血鬼。后来，他又提出了一个问题，又推定出 P 是神志清醒的，还是神经错乱的。

"逻辑博士"先后提的是哪两个问题呢?

206. 该释放谁

有一个侦探逮捕了五个嫌疑犯 A、B、C、D、E。这五个人供出的作案地点有出入。进一步审讯他们之后,他们分别提出了如下声明。

A:五个人当中有一个人说谎。

B:五个人当中有两个人说谎。

C:五个人当中有三个人说谎。

D:五个人当中有四个人说谎。

E:五个人全说谎。

如果只能释放说真话的人,该释放谁呢?

207. 谁是小偷

有一位失主钱包被偷了。

警方经过一番努力搜查,将大麻子、小矮子和二流子三个嫌犯带回问讯,他们的供词如下。

大麻子:"小矮子没有偷钱包。"

小矮子:"大麻子说的是真的!"

二流子:"大麻子在说谎!"

结果是,三人中有人说谎,不过真正的小偷说的倒是实话。

请问,哪一个是小偷?

208. 说假话的小偷

警察在火车站的候车室发现了三个可疑的人。这三个人中有一个是小偷,讲的全是假话;有一个是从犯,说起话来真真假假;还有一个是好人,句句话都是真的。在问及职业时,得到如下回答。

甲:我是教师,乙是司机,丙是广告设计师。

乙:我是医生,丙是学生,甲呀,你要问他,他肯定说他是教师。

丙:我是学生,甲是广告设计师,乙是司机。

请问,谁是说假话的小偷?

209. 中毒身亡

四个男人在一家饭店的包厢里用餐,他们围坐在一张正方形桌子旁边。其中的 A 先生突然中毒身亡,B、C、D 三人的妻子也目击了这一幕。警察找来三位妻子进行问讯,她们每人作了如下两条供词。

B 的妻子:(1)B 坐在 C 的旁边;(2)不是 C 就是 D 坐在 B 的右侧。

C 的妻子:(3)C 坐在 D 的旁边;(4)不是 B 就是 D 坐在 A 的右侧,他不可能毒死 A。

D 的妻子：(5)D 坐在 A 的旁边；(6)如果我们当中只有一个人说谎，那她就是凶手的妻子。

警察经过调查得知：(7)三人当中只有一个人说了谎话。

究竟谁是凶手？

210. 几个骗子

一个小岛上有一个奇怪的部落,部落里有两种人:一种人是只说真话的老实人,另一种人是只说假话的骗子。一个外地人来到该部落,想知道这个部落有几个骗子。中午吃饭的时候,全部落的人都围坐在一个大大的餐桌旁,外地人向每个人都问了一个同样的问题:"你左边的那个人是不是骗子?"每个人都回答:"是。"外地人又问酋长部落里一共有多少人,酋长说有 25 人。回家后,外地人突然想起忘记问酋长是老实人还是骗子,急忙打电话询问。可是酋长不在,是酋长老婆接的,她回答:"部落里一共有 36 人,我们酋长是骗子。"

根据上面的情况,请你帮助这个外地人判断一下酋长是不是骗子,这个部落一共有多少人。

211. 谁打碎了花瓶

幼儿园有六个小朋友,一天,老师走进教室时,发现花瓶被打碎了,于是问六个小朋友是谁打碎的花瓶。

小一：是小六打碎的。

小二：小一说的对。

小三：小一、小二和我没有打碎花瓶。

小四：反正不是我。

小五：是小一打碎的花瓶,所以不可能是小二或小三。

小六：是我打碎的花瓶,小二是无辜的。

六个小朋友都很害怕,所以他们每个人说的话都是假话,那么是谁打碎了花瓶呢(不一定是一个人)?

212. 八名保镖

约翰身边有八名保镖。一次,有个杀手谋杀约翰未遂,在逃跑的时候,八个保镖都开枪了,杀手被其中一个人的子弹击中,但不知道是谁击中的,下面是他们的谈话：

A："要么是 H 击中的,要么是 F 击中的。"

B："如果这颗子弹正好击中杀手的头部,那么是我击中的。"

C："我可以断定是 G 击中的。"

D："即使这颗子弹正好击中杀手的头部,也不可能是 B 击中的。"

E："A 猜错了。"

F："不会是我击中的，也不是 H 击中的。"

G："不是 C 击中的。"

H："A 没有猜错。"

事实上，八个保镖中有三人猜对了。

你知道谁击中了杀手吗？

213. 开箱子

有一个探险家在一个山洞里发现了两个箱子和一封信，信上说："这两个箱子其中之一装有满箱的珠宝，另一个箱子中装有毒气。如果你足够聪明，按照箱子上的提示就能找到宝物。"

这时探险家看到两个箱子上都有一张纸条，第一个箱子上写着："另一个箱子上的纸条是真的，珠宝在这个箱子里。"第二个箱子上写着："另一个箱子上的话是假的，珠宝在另一个箱子里。"

那么，他应该打开哪个箱子才能获得珠宝呢？

214. 我被骗了吗

在我小学的时候有件事情困惑了我很久，并让我从此迷上了逻辑。那天是 4 月 1 日愚人节，一大早我哥哥就过来和我说："弟弟，今天是愚人节，我要好好骗你一回，做好准备吧，哈哈。"

我从小就很争强好胜，所以那天一整天我都提防着他，不想被他成功骗到。但是直到那天晚上要睡觉了，哥哥都没有再和我说过一句话，更别说骗我了。妈妈看我还不睡，问我怎么了。

我把早上的事情说了一下，妈妈就把哥哥叫来说："你就别让弟弟等着不睡觉了，赶快骗一下他吧。"

哥哥回过头问我：你一整天都在等着我骗你吗？

我：是啊。

他：可我没骗吧？

我：是啊。

他：这不得了，我已经把你给骗到了。

那天晚上我在自己的床上翻来覆去想了很久，我到底有没有被骗呢？

215. 开花的郁金香

一天夜里，怪盗潜入一珠宝展示厅，趁乱偷走了展示的一条价值连城的钻石项链。得手之后，怪盗马上溜回了自己的住所，摘掉化装的假发和胡须，换上睡衣，坐在沙发上。刚松了一口气，门铃就响了。

来人正是侦探小五郎。"晚上好，抱歉这么晚还来打扰你！"

"别客气，我们是老朋友了，进来坐。"怪盗热情地把这位不速之客请入屋内。

只见沙发前的茶几上放着一盆含苞待放的郁金香，"你的花好漂亮啊！"小五郎称赞道。

"谢谢，郁金香是我最喜欢的花。"怪盗说道。

"怪盗先生，刚才你去珠宝展示厅了吧！"小五郎岔开话题，开门见山地问道。

"没有啊。今晚我一直待在家里。你来之前，我一直都在沙发上安静地看书。"怪盗说着，指了指身边扣着的一本厚厚的书。

小五郎拿起书，翻了几页，放在茶几上，这时，他突然发现刚才进来时还含苞待放的郁金香，竟然不知不觉中开花了。

小五郎盯着盛开的花瓣，微笑着说："别狡辩了，你还是招了吧。它已经出卖你了。快把你偷的钻石项链交出来吧！"

请问小五郎先生是如何识破怪盗的谎言的呢？

216. 我撒谎了吗

大学快要毕业的时候，我在外面四处投简历求职。有家公司的销售部门给了我一个面试的机会。面试的时候他们向我提了很多问题，其中有一个问题是："你反感偶尔撒一点谎吗？"

天地良心，我当时明明是反感的，尤其是反感那些为了销售成绩而把产品瞎吹一气的推销员。可是转念一想，如果我照实回答"反感"的话，这份工作肯定就吹了。所以我撒了个谎，说了声："不。"

面试完后，在骑车回学校的路上，我回想面试时的表现，忽然这么问了自己一句：我对当时回答面试官的那句谎话反感吗？我的回答是"不反感"。咦，既然我对那句谎话并不反感，说明我不是对一切谎话都反感，因此面试那会儿我答的"不"并不是谎话，反而是真话啦！

事到如今，我还是不太清楚当时算不算撒了谎。

你说我到底有没有撒谎呢？

217. 四名证人

一位很有名望的教授被杀了，凶手在逃。经过几天的侦查，警察抓到了 A、B 两名嫌疑人，另外还有四名证人。

第一位证人张先生说："A 是清白的。"

第二位证人李先生说："B 为人光明磊落，他不可能杀人。"

第三位证人赵师傅说："前面两位证人的证词中，至少有一个是真的。"

最后一位证人王太太说："我可以肯定赵师傅的证词是假的。至于他有什么意图，我就不知道了。"

最后警察经过调查，证实王太太说了实话。

请问：凶手究竟是谁？

218. 谁偷了金表

某商厦发生了一起盗窃案，一只名贵的金表被盗了。警察根据群众提供的线索，提审了有偷窃嫌疑的四人。他们的口供如下。

甲说："我看见金表是乙偷的！"

乙说："不是我！金表是丙偷的。"

丙说："乙在撒谎，他是要陷害我。"

丁说："金表是谁偷去的我不知道，反正我没偷。"

经过调查证实，四个人中只有一个人的供词是真话，其余都是假话。

请问谁是小偷？

219. 最终谁会赢

两个囚犯靠掷骰子度过余生。他们每人都有一个磨损得够呛的骰子，每个骰子都只有三面上的点数看得出来。第一个骰子只有 2、4、5 三面，第二个骰子只有 1、3、6 三面。如果谁掷得的点数大，谁就获胜。

那么，要是游戏一直进行下去，最后谁会赢呢？

220. 谁是主犯

四名犯罪嫌疑人同时落网，但是他们只承认参与了犯罪行为，却都不承认自己是主犯。在警察审问的时候，四个人的回答如下。

甲说：丙是主犯，每次都是他负责的。

乙说：我不是主犯。

丙说：我也不是主犯。

丁说：甲说得对。

警方通过调查，终于查出了谁是主犯，而且他们之中只有一个人说了真话，其余三个人都说了假话。

请问：谁才是主犯呢？

221. 不可能的分数

部队举行打靶比赛。靶纸上的 1、3、5、7、9 表示该靶区的得分数。甲、乙、丙、丁四位士兵各射击了六次，每次都中了靶。

比赛完之后他们这样说：

甲说：我只得了 8 分。

乙说：我共得了 56 分。

丙说：我共得了 28 分。

丁说:我共得了 27 分。

请想一想,他们所讲的分数可能吗?可能的话,请说出他们每次打靶的得分数;不可能的话,猜一猜哪个士兵说了谎。

222. 有谁偷吃了蛋糕

妈妈在餐桌上放了一块蛋糕,可是她刚出去了一下,再回来的时候就发现蛋糕被人吃掉了。所以就问在场的三个孩子,是谁偷吃了蛋糕,得到的答案如下。

A:我吃了,好好吃哦!

B:我看见 A 吃了。

C:总之,我和 B 都没吃。

假设这里边只有一个孩子在说谎,那么蛋糕被几个人偷吃了,都有谁?

223. 电脑高手

纽约展览馆的保险库被盗,丢失了一件十分珍贵的藏品,吉姆、约翰和汤姆三人中肯定有一人是作案者,并且证据表明,作案者是一名电脑高手,他侵入了展览馆的保安系统。这三位可疑对象每人作了两条供词,内容如下。

吉姆:

(1) 我不懂电脑。

(2) 我没有偷东西。

约翰:

(3) 我是个电脑高手。

(4) 但是我没有偷东西。

汤姆:

(5) 我不是电脑高手。

(6) 是电脑高手作的案。

警察最后发现:

(7) 上述六条供词中只有两条是实话。

(8) 这三个可疑对象中只有一个不是电脑高手。

是谁作的案呢?

224. 各自的身份

这是一个流传在古希腊的传说。有一个美丽的公主在河边洗澡,当她洗完后发现放在岸边的衣服被人偷了。关于这件事,受害者、旁观者、目击者和救助者各有说法。她们的说法如果是关于被害者的就是假的,如果是关于其他人的就是真的。

玛丽说:"瑞利不是旁观者。"

瑞利说:"劳尔不是目击者。"

露西说:"玛丽不是救助者。"

劳尔说:"瑞利不是目击者。"

请你根据她们的说法判定她们各自的身份。

225. 谁偷吃了糖果

妈妈准备待客用的糖果被偷吃了,妈妈很生气,就盘问四个孩子,下面是他们的回答。

A:是 B 吃的。

B:是 D 吃的。

C:我没有吃。

D:B 在说谎。

现在已知这四个人中只有一个人说了实话,其他三个人都在说谎,那么偷吃糖果的人是他们中的谁呢?

226. 损坏的瓷器

有两个出去旅行的女孩,一个叫 A,一个叫 B,她们互不相识,各自在旅游景点同一个瓷器店购买了两个一模一样的瓷器。当她们在机场下机后,发现托运的瓷器可能由于运输途中的意外而遭到损坏,她们随即向航空公司提出索赔。但由于物品没有发票等证明价格的凭证,于是航空公司内部评估人员估算了价值应该在 1000元以内。因为航空公司无法确切地知道该瓷器的价格,于是便分别告诉这两位漂亮的小姐,让她们把该瓷器当时购买的价格分别写下来,然后告诉航空公司。

航空公司认为,如果这两个小姐都是诚实可信的老实人,那么她们写下来的价格应该是一样的,如果不一样的话,则必然有人说谎。而说谎的人总是为了能获得更多的赔偿,所以可以认为申报价格较低的那个小姐应该更加可信,并会采用较低的那个价格作为赔偿金额,此外会给予那个给出更低价格的诚实小姐价值 200 元的奖励。

如果这两个姑娘都非常聪明,她们最终会写多少钱呢?

227. 推算日子

去年暑假,小明在外婆家住了几天,这期间的天气时晴时雨,具体来说:

(1) 上午或下午下雨的情况有七次。

(2) 凡是下午下雨的那天上午总是晴天。

(3) 有五个下午是晴天。

(4) 有六个上午是晴天。

想一想,小明在外婆家一共住了几天?

228. 丙会如何回答

某地发生了一起银行抢劫案,警察抓到了三位犯罪嫌疑人。这三名犯罪嫌疑人之间非常清楚每个人做了什么、没有做什么。而且这三名犯罪嫌疑人里确实有人作了案，当然也可能有人没有作案。

在第一次审讯中，三个人都做了一些交代。接着，警察又一次向他们确认其中是否有人说谎。

现在我们知道，一个人如果说谎，那么他将会一直说谎；而一个人如果说实话，他就会一直说实话。

警察最后一次向他们求证时，他们作出了如下回答。

警察问甲："乙在说谎吗？"

甲回答说："不，乙没有说谎。"

警察问乙："丙在说谎吗？"

乙回答说："是的，丙在说谎。"

那么，如果警察问丙："甲在说谎吗？"

请问：丙会回答什么呢？

229. 哪天说实话

在一个小岛上有个特殊的部落，这个部落的人都非常喜欢撒谎，以至于他们几乎忘记了如何才能说实话。

A 就是这个部落的一个村民。他同样很爱撒谎，一周 7 天中有 6 天都在说谎，只有一天会说实话。

下面是他在连续三天里说的话。

第一天：我星期一、星期二撒谎。

第二天：今天是星期四、星期六或是星期日。

第三天：我星期三、星期五撒谎。

请问：A 在一周中的哪天会说实话呢？

230. 亲戚关系

有 A、B、C、D、E 五个人，他们相互之间都是亲戚，其中四人每人讲了一个情况，现在已知这四条情况都是真实的。

四人讲的话如下。

(1) B 是我父亲的兄弟。

(2) E 是我的岳母。

(3) C 是我女婿的兄弟。

(4) A 是我兄弟的妻子。

上面提到的每个人都是这五个人中的一个。

例如，(1)中"我父亲"和"我父亲的兄弟"都是 A、B、C、D、E 五人中的一个。

由此可以推出下面哪个判断是正确的？(   )

A. B 和 D 是兄弟关系　　　　　　B. A 是 B 的妻子

C.E 是 C 的岳母　　　　　　D.D 是 B 的子女

231. 完美岛上的部落

完美岛上有两个部落，其中一个叫诚实部落(总讲真话)，另一个叫说谎部落(从不讲真话)。一个诚实部落的人同一个说谎部落的人结了婚，这段婚姻非常美满，夫妻双方在多年的生活中受到了对方性格的影响。诚实部落的人已习惯于每连续讲三句真话就要讲一句假话，而说谎部落的人，则已习惯于每连续讲三句假话就要讲一句真话。他们生下了一个儿子，这个孩子当然具有两个部落的性格，即真话假话交替着讲。另外，这一对家长同他们的儿子每人都有个部落号，号码各不相同。他们的名字分别叫阿尔法、贝塔、伽马。三个人各说了四句话，但却不知道是谁说的。诚实部落的人讲的是一句假话、三句真话；说谎部落的人讲的是一句真话、三句假话；孩子讲的是真假话各两句，并且真假话交替。他们讲的话如下。

A：

(1) 阿尔法的号码是三人中最大的。

(2) 我过去是诚实部落的。

(3) B 是我的妻子。

(4) 我的部落号比 B 的大 22。

B：

(1) A 是我的儿子。

(2) 我的名字是阿尔法。

(3) C 的部落号是 54 或 78 或 81。

(4) C 过去是说谎部落的。

C：

(1) 贝塔的部落号比伽马的大 10。

(2) A 是我的父亲。

(3) A 的部落号是 66 或 68 或 103。

(4) B 过去是诚实部落的。

找出 A、B、C 三个人中谁是父亲，谁是母亲，谁是儿子，以及他们各自的名字以及他们的部落号。

232. 说谎国与老实国

传说古代有一个"说谎国"和一个"老实国"。老实国的人总说真话，而说谎国的人总说假话。

有一天，两个说谎国的人混在老实国人中间，想偷偷地进入老实国。

他们俩和一个老实国的人进城的时候，哨兵喝问他们三人："你们是哪个国家的人？"

甲回答说："我是老实国人。"

乙的声音很轻，哨兵没有听清楚，于是指着乙问丙："他说他是哪一国人，你又是哪一国人？"

丙回答道："他说他是老实国人，我也是老实国人。"

哨兵知道三个人中间只有一个是老实国的人，可不知道是谁。面对这样的回答，哨兵应该如何作出分析呢？

233. 四个男孩

有四个小男孩，在一起互相吹捧。

甲：四个人中，乙最帅。

乙：四个人中，丙最帅。

丙：我不是最帅的。

丁：甲比我帅，丙比甲帅。

已知，其中只有一个人在说假话。

请问：四个人中谁最帅？从最帅到最不帅的顺序怎么排？

234. 假话

有一个小孩很不诚实，经常说假话。有一天他妈妈批评了他，他说："我每句话里都有假话；如果不让我说假话的话，我根本说不成话。比如我说的这段话里，就有四处假话。"

你知道他的话里，假话都在什么地方吗？

235. 真话和谎话

老师找五名学生谈话，他们分别说了下面这些话，你来判断他们中有几个人撒了谎。

小江说："我上课从来不打瞌睡。"

小华说："小江撒谎了。"

小婧说："我考试时从来不作弊。"

小洁说："小婧在撒谎。"

小雷说："小婧和小洁都在撒谎。"

236. 谁是肇事者

一辆汽车发生交通事故被警察拦了下来，车上下来了三个人，警察没有看清谁是司机。甲说："我不是司机。"乙说："甲开的车。"丙说："反正我没开车。"一个过路的人看到了这一幕，他知道是谁开的车，就说了句："你们仨只有一个人说了真话。"

那么谁是肇事司机呢？

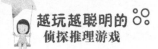
237. 零用钱

悦悦每周会从妈妈那里拿到 10 元钱的零花钱，但是这周不到三天她就把自己的零花钱用完了，只好再向妈妈要。妈妈说："那你去隔壁屋里待 5 分钟再回来。"5 分钟后，悦悦看到妈妈面前摆了三只碗，第一只碗上写着："这个碗里没有钱。"第二只碗上写着："钱在第一只碗里。"第三只碗上写着："反正我这里没钱。"妈妈说："我把钱放到其中一只碗里了，你只有一次掀开碗的机会，如果你正好掀开的是有钱的碗，那么这些钱就是你的零花钱了。提示你一下，我写的三句话中只有一句话是真的。"

如果你是悦悦，会掀开哪只碗呢？

238. 谁得了大奖

公司年底联欢会上有个抽奖环节，经理把得大奖人的名字抽出来之后，对离他最近的一桌上的五个人说："大奖就出在你们五个人中。"

甲：我猜是丙得了大奖。

乙：肯定不是我，我的运气一直不好。

丙：我觉得也不是我。

丁：肯定是戊。

戊：肯定是甲，他运气一直很好。

经理听了他们的话说："你们五个人只有一个人猜对了，其他四个人都猜错了。"

五个人听了之后，马上意识到是谁得了大奖了。

你知道了吗？

239. 向双胞胎问话

有一对双胞胎，哥哥是好孩子，所有的话都是真话，弟弟是个坏孩子，只说谎话。两个小孩的父亲有个同事，知道两个孩子的秉性。有一次这个人打电话到他家，想知道他们的父母到底在不在家。

你能让这个人问一个问题就知道他们的父母是在家还是出门了吗？即使电话里听不出来接电话的是哥哥还是弟弟。

第七篇

智慧大推理

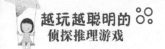
240. 四种语言

正在召开一次会议，在会议厅里，四位代表围着一张圆桌坐定，侃侃而谈。
他们之间的交流一共用到了中文、英文、法文、日文四种不同的语言。
现在已经知道的是：
(1) 甲、乙、丙各会两种语言。
(2) 丁只会一种语言。
(3) 有一种语言四人中有三人都会。
(4) 甲会日语。
(5) 丁不会日语。
(6) 乙不会英语。
(7) 甲与丙不能直接交谈。
(8) 丙与丁不能直接交谈。
(9) 乙与丙可以直接交谈。
(10) 没有人既会日语，又会法语。
请问：甲、乙、丙、丁各会什么语言？

241. 额头上的数字

Q 先生、S 先生和 P 先生在一起做游戏。

Q 先生在两张小纸片上各写一个数。写数的时候不让 S 和 P 两个人看到。这两个数都是正整数，而且它们的差为 1。

他把一张纸片贴在 S 先生额头上，另一张贴在 P 先生额头上。于是，两个人都只能看见对方额头上贴的数字，而不知道自己额头上贴的数字。

然后，Q 先生开始不断地轮流问 S 先生和 P 先生："你们谁能猜到自己头上的数？"

S 先生说："我猜不到。"

P 先生说："我也猜不到。"

S 先生又说："我还是猜不到。"

P 先生又说："我也猜不到。"

S 先生仍然猜不到。

P 先生也猜不到。

S 先生和 P 先生都已经三次猜不到了。

可是，到了第四次，S 先生喊起来："我知道了！"

P 先生也喊道："我也知道了！"

请问：S 先生和 P 先生额头上各是什么数？

242. 丈夫的忠诚

阿米莉亚、布伦达、谢里尔和丹尼斯这四位女士去参加一次聚会。

(1) 晚上 8 点，阿米莉亚和她的丈夫已经到达，这时参加聚会的人数不到 100 人，正好分成五人一组进行交谈。

(2) 到晚上 9 点，由于 8 点后只来了布伦达和她的丈夫，人们已改为四人一组在进行交谈。

(3) 到晚上 10 点，由于 9 点后只来了谢里尔和她的丈夫，人们已改为三人一组在进行交谈。

(4) 到晚上 11 点，由于 10 点后只来了丹尼斯和她的丈夫，人们已改为两人一组在进行交谈。

(5) 上述四位女士中的一位，对自己丈夫的忠诚有所怀疑，本来打算先让她丈夫单独一人前来，而她自己则过一个小时再到，但是她后来放弃了这个打算。

(6) 如果那位对丈夫的忠诚有所怀疑的女士按本来的打算行事，那么当她丈夫已到而她自己还未到时，参加聚会的人们就无法分成人数相等的各个小组进行交谈。

这四位女士中哪一位对自己丈夫的忠诚有所怀疑？

243. 入住时间

甲、乙、丙和丁四名罪犯分别在上个月四个不同的时间入住避暑山庄，又在不同的时间分别退了房。在警察来做调查的时候，一名服务员把时间搞混了。

现在只知道：

四个人的入住时间分别是：1 日、2 日、3 日、4 日。

离开时间分别是：5 日、6 日、7 日、8 日。

但是不知道每个人的入住时间和离开时间。

还知道：

(1) 滞留时间(比如从 7 日入住，8 日离开，滞留时间为两天)最短的是甲，最长的是丁。

乙和丙滞留的时间相同。

(2) 丁不是 8 日离开的。

(3) 丁入住的那天，丙已经住在那里了。

根据以上条件，你能帮助这名粗心的服务员推算出他们四人准确的入住时间和离开时间吗？

244. 四家孩子

一天，一位数学教授去同事家做客。他们坐在窗前聊天，从庭院中传来一大群孩子的嬉笑声。

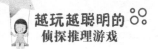
客人就问：您有几个孩子？

主人：那些孩子不全是我的，那是四户人家的孩子。我的孩子最多，弟弟的其次，妹妹的再次，叔叔的孩子最少。他们吵闹成一团，因为他们不能按每队九人凑成两队。可也真巧，如果把我们这四家孩子的数目相乘，其乘积正好是我们房子的门牌号，这个号码您是知道的。

客人：让我来试试把每一家孩子的数目算出来。

过了一会儿，客人说：要解这个问题，已知数据还不够。请告诉我，你叔叔的孩子是一个呢，还是不止一个？

于是主人回答了这个问题。

客人听后，很快就准确地计算出了每家孩子的数目。

请问：你在不知道主人家门牌号码和他叔叔家是否只有一个孩子的情况下，能否算出这道题呢？

245. 名字与职业

一家有五个孩子，老大、老二、老三、老四、老五。

若干年后，他们都长大成人了，也都找到了适合自己的工作：分别当上了老板、理发师、医生、教师和公司职员(名字和职业不是相互对应的)。

一个邻居只知道这五兄弟从事这五个行业，却不知道具体每个人做什么。于是他向五兄弟的父母打听。他们的父母是个爱开玩笑的人，于是透露了一些消息给邻居，让他自己去猜。

现在邻居知道：

(1) 老板不是老三，也不是老四。

(2) 教师不是老四，也不是老大。

(3) 老三和老五住在同一栋公寓，对面是公司职员的家。

(4) 老二、老三和理发师经常一起出去旅游。

(5) 老大和老三有空时，就和医生、老板一起打牌。

(6) 而且，每隔十天，老四和老五一定要到理发店修个脸。

(7) 但是，公司职员则一向自己刮胡子，从来不到理发店去。

问题：你能帮助这名邻居把五兄弟的名字和职业对应起来吗？

246. 有几条病狗

有一个村子里，共有 50 户人家，每家都养了一条狗，一共有 50 条狗。

有一天，村里来了一个警察，警察通知，这 50 条狗当中有病狗，具体有几条狗生病了，警察没有明确说明。

现在只知道，有病的狗的行为和正常狗不一样。而每个人都只能看出别人家的狗是否有病，而无法看出自己家的狗是否有病。他们只能用逻辑思维推理出自己家的狗是否有病。

如果一个人判断出自己家的狗病了以后，就必须当天一枪打死自己家的狗。

其实在警察到来之前，村民已经观察到有病狗，但都判断不出自己家的狗是否有病，因此一直相安无事。在警察到来之后，宣布了一条"村里有病狗"的通知之后，才发生了变化。

第一天没有枪声，第二天也没有枪声，在第三天的清晨，响起了几声枪响。

现在请问：一共有几条病狗？

247. 地理考试

地理考试卷上画了五大湖的图形，每个图形都编了号，要求填出其中任意两个湖名。有甲、乙、丙、丁、戊五名学生，答案如下。

甲填：3是太湖，2是巢湖。

乙填：4是鄱阳湖，2是洪泽湖。

丙填：1是鄱阳湖，5是洞庭湖。

丁填：4是洞庭湖，3是洪泽湖。

戊填：2是太湖，5是巢湖。

结果他们每人只对了一半。根据以上条件，下列正确的选项是(　　　)。

A. 1是鄱阳湖，2是太湖　　　　　　B. 2是洪泽湖，3是洞庭湖

C. 3是太湖，4是洞庭湖　　　　　　D. 4是巢湖，5是洞庭湖

248. 八名职员

某公司财务部包括主任在内有八名职员。

以下三个判断只有一个是真的。

(1)　有人是广东人。

(2)　有人不是广东人。

(3)　主任不是广东人。

请问以下哪项为真？(　　　)

A. 八名职员都是广东人　　　　　　B. 八名职员都不是广东人

C. 只有一人不是广东人　　　　　　D. 只有一人是广东人

249. 不用找零

两位女士和两位男士走进一家自助餐厅，每人从机器上取下一张如下所示的标价单，单位是美分。

50，95

45，90

40，85

35，80

30，75

25，70

20，65

15，60

10，55

(1) 四个人要的是同样的食品，因此他们的标价单被圈出了同样的款额(以美分为单位)。

(2) 每人都只带有四枚硬币。

(3) 两位女士所带的硬币价值相等，但彼此间没有一枚硬币面值相同；两位男士所带的硬币价值相等，但彼此间也没有一枚硬币面值相同。

(4) 每个人都能按照各自标价单上圈出的款额付款，不用找零。

在每张标价单中圈出的是哪一个数目？

注："硬币"可以是1美分、5美分、10美分、25美分、50美分或1美元(合100美分)。

提示：设法找出所有这样的两组硬币(硬币组对)：每组四枚，价值相等，但彼此间没有一枚硬币面值相同，然后从这些组对中判定能付清账目而不用找零的款额。

250. 期末加赛题

期末考试，四名学生并列第一。为了排出名次，老师决定加考一题。

老师在一张纸上写了四个数字，对甲、乙、丙、丁四位同学说："你们四位是班上最聪明，最会推理、演算的学生。今天，我出一道题考考你们。我手中的纸条上写了四个数字，这四个数字是1、2、3、4、5、6、7、8中的任意四个。你们先猜猜分别是哪四个数字。"

甲说：2、3、4、5。

乙说：1、3、4、8。

丙说：1、2、7、8。

丁说：1、4、6、7。

听了四人猜的结果后，老师说："甲和丙两位同学猜对了两个数字，乙和丁同学只猜对了一个数字。"

过了一会儿，甲举起手来，并说出了纸条上写的四个数字，且完全正确。老师高兴地宣布，甲得了第一名。

请问，你知道纸条上写了哪几个数吗？

甲是如何推理的？

251. 纸片游戏

甲、乙、丙、丁、戊五个人在玩一个游戏，他们的额头分别贴了一张纸片，纸片分黑色和白色两种。

每个人都知道自己额头上纸片的颜色，但是看不到。每个人都可以看到别人额头上纸片的颜色。

这时，几个人开始说话，他们是这么表达的。

甲说："我看到三片白色的纸片和一片黑色的纸片。"

乙说："我看到了四片黑色的纸片。"

丙说："我看到了三片黑色的纸片和一片白色的纸片。"

戊说："我看到了四片白色的纸片。"

现在已知：

额头上贴着白色纸片的人说的是真话，额头上贴着黑色纸片的人说的是假话。

由此，你能推断出丁额头上贴的纸片是什么颜色的吗？

252. 读书的顺序

甲、乙、丙、丁、戊五人在同一所学校上学，他们都非常喜欢读书，尤其是小说，每有一本新书，他们都会相互交换着阅读。

一次，他们五个人每人买了一本小说，约定读完之后相互交换。

这五本书的厚度和他们的阅读速度都差不多，因此五人能在相同的时间交换图书。

经过数次交换之后，这五个人每人都读完了这五本书。

现在已知：

(1) 甲最后读的书是乙读的第二本书。

(2) 丙最后读的书是乙读的第四本书。

(3) 丙读的第二本书甲在一开始就读了。

(4) 丁最后读的书是丙读的第三本书。

(5) 乙读的第四本书是戊读的第三本书。

(6) 丁第三次读的书是丙一开始读的那一本。

根据以上情况，如果以甲读书的顺序为1、2、3、4、5，推出其他四个人的读书次序。

253. 汽车的牌子

罗伯特、欧文、叶赛宁都新买了汽车，汽车的牌子是奔驰、本田、皇冠。他们一起来到朋友汤姆家里，让汤姆猜猜他们三人各买的是什么牌子的车。汤姆猜道："罗伯特买的是奔驰车，叶赛宁买的肯定不是皇冠车，欧文自然不会是奔驰车。"很可惜，汤姆的这种猜法，只猜对了一个。据此可以推知(   )。

A. 罗伯特买的是本田车，欧文买的是奔驰车，叶赛宁买的是皇冠车

B. 罗伯特买的是奔驰车，欧文买的是皇冠车，叶赛宁买的是本田车

C. 罗伯特买的是奔驰车，欧文买的是本田车，叶赛宁买的是皇冠车

D. 罗伯特买的是皇冠车，欧文买的是奔驰车，叶赛宁买的是本田车

254. 为爱决斗

三个小伙子同时爱上了一个姑娘，为了决定谁能娶这个姑娘，他们决定用手枪进行一次决斗。阿历克斯的命中率是 30%，克里斯比他好些，命中率是 50%，最出色的枪手是鲍博，他从不失误，命中率是 100%。由于这个显而易见的事实，为公平起见，他们决定按这样的顺序：阿历克斯先开枪，克里斯第二，鲍博最后。然后再这样循环，直到他们只剩下一个人。

那么这三个人中谁活下来的机会最大呢？他们都应该采取什么样的策略呢？

255. 找出重球

一个钢球厂生产钢球，其中一批货物中出现了一点差错，使得八个球中有一个球略微重一些。找出这个重球的唯一方法是将两个球放在天平上对比。

请问最少要称多少次才能找出这个较重的球？

256. 钱去哪了

小王从老板手中接过来一个信封，上面写着 98，里面装着他一天的兼职工资。回学校的路上，小王一共买了 90 元钱的东西，付款的时候才发现，他不仅没有剩下 8 元，反而差了 4 元。回到家里，他打电话问老板，怀疑是老板把钱找错了。老板说没有错。

这是怎么回事？

257. 测验排名

一场测验，A、B、C、D、E、F、G、H 八个人的名次关系如下：B、C、D 三人中 B 最高，D 最低，但不是第八名；F 的名次为 A、C 名次的平均数；F 比 E 高四个名次；G 是第四名；A 比 C 的名次高。

那么，你可以判断他们分别是第几名吗？

258. 谁是明明

在一场百米赛跑中，明明得了倒数第一名，他告诉妈妈这样的情形。

(1) 丙没有获得第一名。

(2) 戊比丁高了两个名次，但戊不是第二名。

(3) 甲不是第一名也不是最后一名。

(4) 丙比乙高了一个名次。

你能判断出，在甲、乙、丙、丁和戊中谁是明明吗？

259. 哪种花色

王先生正在和朋友们一起玩扑克牌。王先生手上拿着 13 张牌，黑桃、红桃、梅花、方块都有，但是，每种花色的张数都不一样。黑桃和红桃一共六张。黑桃和方块一共五张。王先生手中有两张某种花色的扑克牌。

请问：哪种花色的牌有两张呢？

260. 谁说的是对的

A、B、C、D、E、F、G 七个人在争论今天是星期几。

A：今天是星期三。

B：不对，后天是星期三。

C：你们都错了，明天是星期三。

D：胡说！今天既不是星期一，也不是星期二，更不是星期三。

E：不对！你弄颠倒了，明天是星期四。

F：我确信昨天是星期四。

G：不管怎样，昨天不是星期六。

他们之中只有一个人讲的是对的，是哪一个呢？今天到底是星期几？

261. 谁和谁配对

有三个男青年 A、B、C，即将与甲、乙、丙三位姑娘结婚。有好事者想知道他们谁和谁是一对，于是前去打听。

他先问 A，A 说他要娶的是甲姑娘；他又去问甲，甲说她将嫁给 C；再去问 C，C 说他要娶的是丙。这可把这个人弄晕了，原来三个人都没有说真话。

你能推出谁和谁结成了夫妻吗？

262. 体重排列

甲、乙、丙、丁四人特别注意各自的体重。一天，她们根据最近称量的结果说了以下一些话。

甲：乙比丁轻。

乙：甲比丙重。

丙：我比丁重。

丁：丙比乙重。

很有趣的是，她们说的这些话中只有一个人说的是真实的，而这个人正是她们四个人中体重最轻的一个(四个人的体重各不相同)。

请将甲、乙、丙、丁按各人的体重由轻到重进行排列。

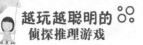

263. 宿舍同学

某大学中，甲、乙、丙三人住同一间宿舍，他们的女朋友 A、B、C 也都是这所学校的学生。据知情人介绍说："A 的男朋友是乙的好朋友，并在三个男生中最年轻；丙的年龄比 C 的男朋友大。"

依据这些信息，你能推测出谁和谁是男女朋友吗？

264. 推测扑克牌

有三张扑克牌牌面朝下放成一排。已知其中：

有一张 Q 在一张 K 的右边。

有一张 Q 在一张 Q 的左边。

有一张黑桃在一张红心的左边。

有一张黑桃在一张黑桃的右边。

试确定这三张是什么牌？

265. 谁需要找零

阿莫斯、伯特、克莱姆、德克四人刚刚在一家餐馆吃完午餐，正在付账。

(1) 这四人每人身上所带的硬币总和各为 1 美元，都是银币，而且枚数相等。

(2) 对于 25 美分的硬币来说，阿莫斯有三枚，伯特有两枚，克莱姆有一枚，德克一枚也没有。

(3) 四人要付的款额相同。其中三人能如数付清，不必找零，但另一个人却需要找零。

谁需要找零？

注："银币"是指 5 美分、10 美分、25 美分或 50 美分的硬币。提示：先判定每个人所带硬币的枚数；然后判定什么款额能使四个人都不用找零。

266. 单循环比赛

学校排球联赛中，有四个班级在同一组进行单循环赛，成绩排在最后的一个班级被淘汰。如果排在最后的几个班的负场数相等，则他们之间再进行附加赛。初一(1)班在单循环赛中至少能胜一场，这个班是否可以确保在附加赛之前不被淘汰？是否一定能出线？为什么？

请写出解题步骤，并简单说明。

267. 三种果冻

你有一桶果冻，其中有黄色、绿色、红色三种，闭上眼睛抓取。至少抓取多少个就可以确定你手上肯定有至少两个同一颜色的果冻？

268. 五色药丸

有五个外表一样的药瓶，里边分别装有红、黄、蓝、绿、黑五种颜色的药丸。这些药瓶上面都没有标签，从外面看不出里面药丸的颜色，而且每个药瓶里的药丸都是同一种颜色的。

现在由甲、乙、丙、丁、戊五个人来猜这五个药瓶里的药丸的颜色。

甲说：第二瓶是蓝色的药丸，第三瓶是黑色的药丸。

乙说：第二瓶是绿色的药丸，第四瓶是红色的药丸。

丙说：第一瓶是红色的药丸，第五瓶是黄色的药丸。

丁说：第三瓶是绿色的药丸，第四瓶是黄色的药丸。

戊说：第二瓶是黑色的药丸，第五瓶是蓝色的药丸。

事实上，当我们检查的时候发现：这五个人都只猜对了一瓶，并且每个人猜对的颜色都不同。

请问，每瓶分别装了什么颜色的药丸？

269. 默默无闻的捐助者

某公司有人爱做善事，经常捐款捐物，每次遇到有人需要帮助他都会第一时间伸出援手。而且他每次做完好事都默默无闻，只会留下公司名，而从不留个人名。

一次该公司收到一封感谢信，要求务必要找出此人，当面答谢。公司在查找的过程中，听到了以下六句话。

(1) 这钱或者是赵风寄的，或者是孙海寄的。

(2) 这钱不是王山寄的，就是陈林寄的。

(3) 这钱是李强寄的。

(4) 这钱不是陈林寄的。

(5) 这钱肯定不是李强寄的。

(6) 这钱不是赵风寄的，也不是孙海寄的。

事后证明，这六句话中只有两句是猜错了的，其余的人都猜对了。

请根据以上条件，确定谁是那个匿名的捐款人。

270. 三位授课老师

在一所高中里有甲、乙、丙三位老师，他们在同一个年级里，并且相互之间都是好朋友。

甲、乙、丙三位老师分别讲授数学、物理、化学、生物、语文和历史六门课程，但不知道哪个老师分别教什么课程。现在只知道：其中每位老师分别教两门课。

除此之外，我们还知道以下信息。

(1) 化学老师和数学老师住在一起。

(2) 甲老师是三位老师中最年轻的。

(3) 数学老师和丙老师是一对优秀的象棋国手。

(4) 物理老师比生物老师年长，比乙老师又年轻。

(5) 三人中最年长的老师的家比其他两位老师远。

请问，哪位老师教哪两门课？

271. 不同国籍的人

在勺园的留学生宿舍里住着六个不同国籍的人，他们是好朋友，来留学前，他们都曾经工作过。

他们的名字分别为 A、B、C、D、E 和 F。

他们的国籍分别是美国、德国、英国、法国、俄罗斯和意大利(名字顺序与国籍顺序不一定一致)。

现在已知：

(1) A 和美国人都曾经是医生。

(2) E 和俄罗斯人都曾经是教师。

(3) C 和德国人都曾经是技师。

(4) B 和 F 曾经当过兵，而德国人从没当过兵。

(5) 法国人比 A 年龄大，意大利人比 C 年龄大。

(6) B 同美国人下周要到英国去旅行，C 同法国人下周要到瑞士去度假。

根据这些信息，请判断 A、B、C、D、E、F 六个人分别是哪国人？

272. 英语六级考试

一次，一个班的所有同学都报考了英语六级考试。成绩快下来的时候，有人针对英语六级通过情况作了如下猜测。

(1) 班长通过了。

(2) 该班所有人都通过了。

(3) 有些人通过了。

(4) 有些人没有通过。

后来经过核实，发现上述断定中只有两个是正确的。

那么，在下列选项中，哪种说法是正确的？(   )

A. 该班有人通过了，但也有人没有通过　　B. 班长通过了

C. 所有人都通过了　　　　　　　　　　　D. 所有人都没有通过

273. 谁养鱼

有五间房屋排成一列；所有房屋的外表颜色都不一样；所有的屋主都来自不同的国家；所有的屋主都养不同的宠物、喝不同的饮料、抽不同牌子的香烟。已知：

(1) 英国人住在红色房屋里。

(2) 瑞典人养了一只狗。

(3) 丹麦人喝茶。

(4) 绿色的房子在白色的房子的左边。

(5) 绿色房屋的屋主喝咖啡。

(6) 吸 PallMall 香烟的屋主养鸟。

(7) 黄色屋主吸 Dunhill 香烟。

(8) 位于最中间的屋主喝牛奶。

(9) 挪威人住在第一间房屋里。

(10) 抽 Blend 香烟的人住在养猫人家的隔壁。

(11) 养马的屋主在抽 Dunhill 香烟的人家的隔壁。

(12) 抽 BlueMaster 香烟的屋主喝啤酒。

(13) 德国人抽 Prince 香烟。

(14) 挪威人住在蓝色房子隔壁。

(15) 只喝开水的人住在抽 Blend 香烟的人的隔壁。

问：谁养鱼？

274. 兄弟姐妹

一个家庭中有兄弟姐妹六人，其中有两名男性，四名女性。现在知道他们都是艺术品收藏家。

一天，他们一起去了一家商场，各自购买了一些自己喜欢的艺术品。

具体的购买情况如下。

(1) 每件艺术品的价格都以分为最小单位。

(2) 老大购买了一件艺术品，老二购买了两件艺术品，老三购买了三件艺术品，老四购买了四件艺术品，老五购买了五件艺术品，而老六购买了六件艺术品。

(3) 兄弟俩购买的艺术品，每件的单价都相同。

(4) 其他四姐妹购买的艺术品，每件的单价都是兄弟俩所购艺术品单价的 2 倍。

(5) 这六人总共花了 1000 元。

这六人中哪两个人是兄弟？

275. 职员的姓氏

一家公司有三名职员：老张、老陈和老孙。

这家公司的经理、副经理和秘书三人恰好和这三名职员的姓氏一一对应。

现在已知：

(1) 职员老陈是天津人。

(2) 职员老张已经工作了 20 年。

(3) 副经理家住在北京和天津之间。

(4) 领导老孙常和秘书下棋。

(5) 其中一名职员和副经理是邻居，他也是一个老职工，工龄正好是副经理的三倍。

(6) 与副经理同姓的职员家住北京。

根据上面的资料，你能知道副经理姓什么吗？

276. 他妻子姓什么

王先生在一家事业单位工作，他认识赵、钱、孙、李、周五位女士，其中一位成了他的妻子。一位好事者想知道王先生的妻子究竟是谁。经过多方的打听和调查，这位好事者得到了以下几条信息。

现在已知：

(1) 五位女士分为两个年龄档：30 岁以上和 30 岁以下。

(2) 其中三位女士小于 30 岁，两位女士大于 30 岁。

(3) 两位女士是教师，其他三位女士是秘书。

(4) 赵和孙属于相同年龄档。

(5) 李和周不属于相同年龄档。

(6) 钱和周的职业相同。

(7) 孙和李的职业不同。

(8) 王先生和其中一位年龄处于大于 30 岁年龄档，职业是教师的女士结了婚。

你能推理出王先生的妻子姓什么吗？

277. 每个人的职业

鲁道夫、菲利普、罗伯特三位青年，一个当了歌手，一个考上大学，一个加入陆战队，个个未来都大有作为。现已知：

(1) 罗伯特的年龄比战士的大。

(2) 大学生的年龄比菲利普小。

(3) 鲁道夫的年龄和大学生的年龄不一样。

请问：三个人中谁是歌手？谁是大学生？谁是士兵？

278. 谁是她的男友

公司新进来一位女同事，长得非常漂亮，是个万人迷，全公司有九名同事都想追求她。

过了不到一个月的时间，据可靠消息称：她已经和这九个人中的一个正式开始交往了，只不过不想公开罢了。

有个好事者非常八卦，纷纷向这九位同事打探消息，想确认谁才是这位漂亮女同事的男友。

得到的回答如下。

A：这个人一定是 G，没错。

B：我想应该是 G。

C：这个人就是我。

D：C 最会装模作样，他在吹牛！

E：G 不是会说谎的人。

F：一定是 I。

G：这个人既不是我也不是 I。

H：C 才是她的男友。

I：是我才对。

这九句话中，只有四个人说了实话。

你能判断出谁才是这位漂亮女同事的男友？

279. 令人瞩目的特点

女儿国国王有三个女儿，这三个女儿分别都有一些令人瞩目的特点。这些特点包括：聪明、漂亮、多才多艺和勤劳能干四种。每个人都具有其中若干种特点。

现在已经知道：

(1) 恰有两位非常聪明，恰有两位十分漂亮，恰有两位勤劳能干，恰有两位多才多艺。

(2) 每个女儿至多只有三个令人瞩目的特点。

(3) 对于大女儿来说，下面的说法是正确的：如果她非常聪明，那么她也多才多艺。

(4) 对于二女儿和小女儿来说，下面的说法是正确的：如果她十分漂亮，那么她也勤劳能干。

(5) 对于大女儿和小女儿来说，下面的说法是正确的：如果她多才多艺，那么她也勤劳能干。

请问：哪一位女儿并非多才多艺？

提示：先判定哪几位女性勤劳能干。

280. 简单的信息

一个寝室有甲、乙、丙、丁四个人，毕业以后四个人分别找到了工作，其中一个是教师，一个是售货员，一个是工人，一个是老板(并不对应)。他们的班长想知道这四个人的职业分别是什么，但是四个人都只提供了一些简单的信息，你能帮助班长确定四个人的职业吗？

现在已知：

(1) 甲和乙是邻居，每天一起骑车去上班。

(2) 甲比丙年龄大。

(3) 甲和丁业余一同练武术。

(4) 教师每天步行上班。

(5) 售货员的邻居不是老板。

(6) 老板和工人毕业后就没有见过。

(7) 老板比售货员和工人年龄都大。

请你根据上面的信息判断每个人的职业。

281. 特征的组合

亚当、布拉德和科尔是三个不同寻常的人,每个人都恰有三个不同寻常的特征。

(1) 两个人非常聪明,两个人非常漂亮,两个人非常强壮,两个人非常诙谐,一个人非常仁爱。

(2) 对于亚当来说,下面的说法是正确的。

A. 如果他非常诙谐,那么他也非常漂亮。

B. 如果他非常漂亮,那么他不是非常聪明。

(3) 对于布拉德来说,下面的说法是正确的。

A. 如果他非常诙谐,那么他也非常聪明。

B. 如果他非常聪明,那么他也非常漂亮。

(4) 对于科尔来说,下面的说法是正确的。

A. 如果他非常漂亮,那么他也非常强壮。

B. 如果他非常强壮,那么他不是非常诙谐。

请问谁非常仁爱?

提示:判定每个人的特征的可能组合。然后分别假定亚当、布拉德或科尔具有仁爱的特征。只有在一种情况下,不会出现矛盾。

282. 谁得了第一

阿伦、阿恩和阿林三个同学中,有一人获得了第一名。

阿伦如实地说:

(1) 如果我没有得到第一名,我的数学成绩就没有满分。

(2) 如果我得了第一名,我的语文成绩就是满分。

阿恩如实地说:

(3) 如果我没有得到第一名,我的语文成绩就不是满分。

(4) 如果我得了第一名,我的数学成绩就是满分。

阿林如实地说:

(5) 如果我没有得到第一名,我的数学成绩就没有满分。

(6) 如果我得了第一名,我的数学成绩就是满分。

同时：

(7) 那位获得第一名的同学是唯一某一门课程考满分的人。

(8) 那位获得第一名的同学也是唯一某一门课程没有考满分的人。

这三人中谁获得了第一名？

283. 哪一天一起营业

某个地区有一家超市、一家银行、一家百货，在一周内有一天三家是都在营业的。

已知：

(1) 这三家单位一周都只工作四天。

(2) 星期天都休息。

(3) 哪家都不会连续三天都在营业。

(4) 有人连续做了六天的观察，发现以下情况。

第一天，百货关门。

第二天，超市关门。

第三天，银行关门。

第四天，超市关门。

第五天，百货关门。

第六天，银行关门。

请问：星期几三家单位是都在营业的？

284. 真正的预言家

瑞西阿斯是古希腊著名的预言家之一，他有四个徒弟 A、B、C、D。

但是，这四个徒弟中只有一人后来真正成为了预言家。其余三个人，一个当了武士，一个当了医生，另一个当了建筑师。

在他们都在跟随瑞西阿斯学习预言的时候，一天，他们四个在一起练习讲预言。

他们每个人分别预言了一件事。

A 预言：B 无论如何也成不了武士。

B 预言：C 将会成为预言家。

C 预言：D 不会成为建筑师。

D 预言：我会娶到公主。

可是，事实上他们四个人当中，只有一个人的预言是正确的，而也正是这个人后来当上了真正的预言家。

请问，后来这四个徒弟各当了什么？

谁成了真正的预言家？

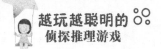
285. 勇敢的猎人

一个勇敢的猎人在森林中打猎时，分别从三只凶猛的野兽口中救出三个孩子。

现在只知道：

(1) 被救出的孩子分别是毛毛、农夫的儿子和从狮子口中救出来的孩子。

(2) 牛牛不是樵夫的儿子，壮壮也不是渔夫的儿子。

(3) 从老虎口中救出来的不是樵夫的儿子。

(4) 从狗熊口中救出来的不是牛牛。

(5) 从老虎口中救出来的不是壮壮。

根据上面的条件，请你说出这三个孩子分别来自哪儿？又分别是从哪种野兽口中救出来的？

286. 结婚、订婚与单身

在一次舞会上，尚未订婚的 A 先生看到一位女士 B 单独一人站在酒柜旁边。他很想知道这位女士是独身、订婚还是结婚。

现在知道以下信息。

(1) 参加舞会的总共有 19 人。

(2) 有七人是单独一人来的，其余的都是一男一女成对来的。

(3) 那些成对来的，要么已经结婚了，要么已相互订婚。

(4) 凡单独前来的女士都是单身。

(5) 凡单独前来的男士都不处于订婚阶段。

(6) 参加舞会的男士中，处于订婚阶段的人数等于已经结婚的人数。

(7) 单独前来的已婚男士的人数，等于单独来的独身男士的人数。

(8) 在参加舞会的已经结婚、处于订婚阶段和独身这三种类型的女士中，B 女士属于人数最多的那种类型。

请问，你知道 B 女士属于哪一种类型吗？

287. 忘记的纪念日

汤姆和杰瑞是一对情侣，他们是在一家健身俱乐部首次相遇并相互认识的。

一天，杰瑞问汤姆他们相识的纪念日是哪一天，可汤姆并没有记住确切的日期。这还了得！杰瑞要求汤姆必须给出准确答案，否则后果不堪设想！

汤姆费尽九牛二虎之力，终于想到了一些有用的信息，或许可以计算出那天具体是什么时候！

他知道的信息如下。

(1) 汤姆是在 1 月份的第一个星期一那天开始去健身俱乐部的。此后，汤姆每隔四天(即第五天)去一次。

(2) 杰瑞是在 1 月份的第一个星期二那天开始去健身俱乐部的。此后，杰瑞每隔三天(即第四天)去一次。

(3) 在 1 月份的 31 天中,只有一天汤姆和杰瑞都去了健身俱乐部,正是那一天他们首次相遇。

根据以上这些条件,你能帮助汤姆算出他们的相识纪念日是 1 月份的哪一天吗?

288. 毕业 10 年

甲、乙、丙、丁四个人上大学的时候在同一个宿舍住,而且是关系很好的朋友。

时间过得很快,一晃毕业已经 10 年了。他们又约好回母校相聚。老朋友相见分外热情和热闹。四个人聊了起来,也知道了相互之间的一些情况。

(1) 只有三个人有自己的车。
(2) 只有两个人有自己喜欢的工作。
(3) 只有一个人有了自己的别墅。
(4) 每个人至少具备一样条件。
(5) 甲和乙对自己的工作条件感觉一样。
(6) 乙和丙的车是同一牌子的。
(7) 丙和丁中只有一个人有车。

如果有一个人三种条件都具备,那么,你知道他是谁吗?

289. 并列第一

某电视台举办"逻辑能力大赛",到了决赛阶段,有三名参赛者的分数并列第一。冠军只能有一个,主持人决定加赛一题来打破这个均势。

主持人对三位选手说:"你们三位闭上眼睛,然后,我在你每个人头上戴一顶帽子。帽子的颜色可能是红帽子也可能是蓝帽子。在我叫你们把眼睛睁开以前,都不许把眼睛睁开。"

于是主持人在他们的头上各戴了一顶红帽子,然后说:"现在请你们把眼睛都睁开吧,假如你看到你们三人中有人戴的是红帽子就举手。"

三个人睁开眼睛后几乎同时举起了手。

主持人接着说:"现在谁第一个推断出自己所戴帽子的颜色,谁就是冠军!"

过了一分钟左右,其中一位参赛者喊道:"我知道我戴的帽子的颜色,它是红色的!"

主持人说:"恭喜你,答对了!你就是这次大赛的冠军!"

请问:你知道他是怎样推论出来自己所戴帽子颜色的吗?

290. 雨中的聚会

甲、乙、丙、丁、戊五个人是好朋友,他们经常在一起聚会。一天,他们五个人又一次共同参加一个聚会。

聚会时，天下起了大雨，五个人各自带了一把伞来。但是在聚会结束时，由于走得很匆忙，每个人都拿错了雨伞。在大家都到了家以后，他们才发现，自己拿的并不是自己的伞。

现在已知：

(1) 甲拿走的伞不是乙的，也不是丁的。

(2) 乙拿走的伞不是丙的，也不是丁的。

(3) 丙拿走的伞不是乙的，也不是戊的。

(4) 丁拿走的伞不是丙的，也不是戊的。

(5) 戊拿走的伞不是甲的，也不是丁的。

另外，还发现没有两个人相互拿错了雨伞。也就是说，如果甲拿的是乙的雨伞，那么乙拿的一定不是甲的雨伞。

请问：这五个人拿走的雨伞分别是谁的？

291. 火车上的座位

在一列国际列车的某节车厢内，有四名不同国籍的旅客，他们身穿不同颜色的大衣，坐在同一张桌子的两对面，其中两人靠着窗户，两人靠着过道。

现在根据情报，我们已知，他们中身穿蓝色大衣的旅客是国际间谍，并且知道：

(1) 英国旅客坐在 B 先生的左侧。

(2) A 先生穿褐色大衣。

(3) 穿黑色大衣者坐在德国旅客的右侧。

(4) D 先生的对面坐着美国旅客。

(5) 俄国旅客身穿灰色大衣。

(6) 英国旅客靠着窗子，把头转向左边，望着窗外。

那么，请找出谁是穿蓝色大衣的间谍。

292. 五种颜色的衣钩

有一块挂衣板上有六个小孔，同在一个平面上，从左至右 1～6 编号。五个衣钩——一个黄的、一个绿的、一个红的、一个白的、一个蓝的需嵌入挂衣板的小孔内，一个衣钩嵌入一个孔内，任何一种安排都留下一个剩余的孔。衣钩必须按以下条件嵌入孔内。

(1) 绿衣钩必须离红衣钩近离蓝衣钩远。

(2) 黄衣钩必须嵌入紧挨在蓝衣钩左边的孔内。

(3) 白衣钩不能与蓝衣钩毗邻。

(4) 红衣钩不能嵌入 1 号孔内。

问题 1：下列各组从左至右的衣钩安排除了一组之外，均符合以上条件，请指出不符合条件的那一组是(　　　)。

A. 绿衣钩、红衣钩、白衣钩、余孔、黄衣钩、蓝衣钩

B. 绿衣钩、红衣钩、余孔、黄衣钩、蓝衣钩、白衣钩

C. 绿衣钩、白衣钩、红衣钩、黄衣钩、蓝衣钩、余孔

D. 白衣钩、余孔、黄衣钩、蓝衣钩、红衣钩、绿衣钩

E. 余孔、绿衣钩、白衣钩、红衣钩、黄衣钩、蓝衣钩

问题2：如果绿衣钩必须嵌入紧邻黄衣钩左边的孔内，那么下列哪种从左至右的安排是符合条件的？（　　）

A. 红衣钩、绿衣钩、黄衣钩、蓝衣钩、余孔、白衣钩

B. 白衣钩、红衣钩、余孔、绿衣钩、黄衣钩、蓝衣钩

C. 余孔、红衣钩、绿衣钩、黄衣钩、蓝衣钩、白衣钩

D. 余孔、白衣钩、红衣钩、绿衣钩、黄衣钩、蓝衣钩

E. 余孔、红衣钩、白衣钩、绿衣钩、黄衣钩、蓝衣钩

问题3：如果改变已知条件，使红衣钩嵌入1号孔内。如果只有一种可能，这种可能是(　　)。

A. 绿衣钩、白衣钩、黄衣钩、蓝衣钩

B. 绿衣钩、黄衣钩、蓝衣钩、白衣钩

C. 绿衣钩、蓝衣钩、黄衣钩、白衣钩

D. 白衣钩、黄衣钩、蓝衣钩、绿衣钩

E. 白衣钩、绿衣钩、黄衣钩、蓝衣钩

293. 不变的菜单

阿德里安、布福德和卡特三人去餐馆吃饭，他们每人要的不是火腿就是猪排。

(1) 如果阿德里安要的是火腿，那么布福德要的就是猪排。

(2) 阿德里安或卡特要的是火腿，但是不会两人都要火腿。

(3) 布福德和卡特不会两人都要猪排。

谁昨天要的是火腿，今天要的是猪排？

提示：判定哪些人要的菜不会变化。

294. 下雨和天晴

一个走私集团收到一大批货物，预计在72个小时之后可以接货。假设现在是半夜12点，外面下着大雨，集团首领担心接货的时候还会下雨，于是问手下，再过72小时是否会出太阳？

如果你是他的手下，你知道该怎么回答吗？

295. 有趣的轮盘赌

轮盘赌是一种很简单的游戏，在圆盘上标着譬如"奇数""偶数""3的倍数"

"5 的倍数"等，只要你猜对了数字，你就可以得到相应倍数的钱。

在一次赌局中，已经到了最后决定胜负的关键时刻。占第一位的是赌圣周星星先生，他赢得了 700 个金币。占第二位的是赌神丽莎小姐，她赢得了 500 个金币。其余的人都已经输了很多，所以这最后一局就只剩下周星星先生和丽莎小姐一决胜负了。

周星星先生还在犹豫着，考虑怎样才能赢得这次赌局。如果将手上筹码的一部分押在"奇数"或者"偶数"上，赢的话他的赌金就会变成现在的两倍。而这时，丽莎小姐已经把所有的筹码都押在了"3 的倍数"上，赢的话赌金就会变成现在的 3 倍，那样就是 1500 个金币，就可能反败为胜了。

想想，如果你是周星星先生，你应该怎么下注才能确保赢呢？

296. 四种饮料

在某大学，一个寝室的学生们在周末一起办聚会。他们准备了四瓶不同的饮料：分别有白酒、啤酒、可乐、果汁。

这四个瓶子上的商标都被撕掉了，而且瓶子也是一样的，都看不到里面饮料的颜色差别。

而在每个瓶子上都用钢笔写了一个标签，来提示各个瓶子里装有什么饮料。

甲瓶子上的标签是："乙瓶子里装的是白酒。"

乙瓶子上的标签是："丙瓶子里装的不是白酒。"

丙瓶子上的标签是："丁瓶子里装的是可乐。"

丁瓶子上的标签是："这个标签是最后贴上的。"

但是需要注意的是：在装有果汁的瓶子上的标签是假的，其他瓶子上的标签都是真的。

假如你是其中一个同学，你想喝果汁，你能根据以上四个瓶子上的标签找出哪瓶是果汁吗？然后再进一步确认出每个瓶子里分别装的是什么东西吗？

297. 争论

小王、小李、小张准备去爬山。天气预报说，今天可能下雨。围绕天气预报，三个人争论起来。

小王："今天可能下雨，那并不排斥今天也可能不下雨，我们还是去爬山吧。"

小李："今天可能下雨，那就表明今天要下雨，我们还是不去爬山了吧。"

小张："今天可能下雨，只是表明今天不下雨不具有必然性，去不去爬山由你们决定。"

对天气预报的理解，三个人中( )。

A. 小王和小张正确，小李不正确　　B. 小王正确，小李和小张不正确

C. 小李正确，小王和小张不正确　　D. 小张正确，小王和小李不正确

E. 小李和小张正确，小王不正确

298. 单张纸牌

爸爸、妈妈和儿子三人玩了两盘纸牌游戏，其玩法是：游戏者轮流从别人手中抽牌，直到有一人手中只剩下一个单张，此人便是输者。在抽牌后配成了对子，便打出这对牌。如果一个人从第二个人手中抽了一张牌并打出一个对子之后，手中已经无牌，则轮到第三个人抽牌时就从第二个人手中抽。通过抽牌来配成对子，并且尽量避免手中只留下一个单张。

在每一盘接近尾声的时候：

(1) 爸爸只有一张牌，妈妈只有两张牌，儿子也只有两张牌。这五张牌包括两个对子和一个单张，但任何人手中都没有对子。

(2) 爸爸从妈妈手中抽了一张牌，但没能配成对。

(3) 妈妈从儿子手中抽了一张牌，随后儿子从爸爸手中抽了一张牌。

(4) 在任何一盘中，没有一人手中两次拿着同样的一手牌。

(5) 没有一人连输两盘。

在两盘游戏中，谁没有输过？

提示：判定三人手中纸牌的可能分布，然后判定一盘游戏该怎样进行才能做到没有一人手中两次拿着同样的一手牌。

299. 纸牌游戏

爸爸、妈妈和儿子玩一种纸牌游戏，一共35张牌，其中有17个对子，还有一个单张。

规则如下。

(1) 由爸爸发牌，先给妈妈一张，再给儿子一张，然后给自己一张。如此反复，直到发完所有的牌。

(2) 每个人把手中成对的牌拿出来。此时，三个人每人手中至少都剩下一张牌，而三个人手中的牌总共是九张。

(3) 在剩下的九张牌中，妈妈和爸爸手中的牌加在一起能配成的对子最多，儿子和爸爸手中的牌加在一起能配成的对子最少。

那么，请问那个唯一的单张发给了谁？

提示：应判定出给每个人发了几张牌以及每两个人手中的牌加在一起能配成对子的数目。

300. 四大洲的五个地方

一位女士在伦敦机场，看见五位先生正在候机室里聊天，他们身旁各放着自己的手提箱。一只箱子上面写着法国巴黎的地址，另一只上面标的是印度新德里，其余三只箱子上面的地名分别为美国的芝加哥、纽约和巴西的巴西利亚。她开始不知道他们各住何处，听了下面的对话才明白。

A 先生："我外出旅行频繁，到过北美洲多次，可未去过南美洲，下个月打算去巴黎。"

B 先生："到时我从南美洲动身与你在那儿会面，去年我到芝加哥旅行了一趟。"

C 先生："去年我到过美国芝加哥。"

D 先生："我从未到过那儿，从护照上看你们四位都来自不同的国家。"

E 先生："是啊，我们住在四大洲的五个地方。"

你知道他们每个人都住在哪里吗？

301. 居住的位置

我住在农场和城市之间的那个地方。农场位于城市和机场之间。以下哪个判断是正确的？（　　）

A. 农场到我住处的距离比到机场要近

B. 我住在农场和机场之间

C. 我的住处到农场的距离比到机场要近

302. 猴子偷吃桃

四只猴子手中拿着桃，每只猴子的桃子的数量不同，在 4 个到 7 个之间。

然后，四只猴子都吃掉了 1 个或 2 个桃子，结果剩下的桃子数量还是各不相同。

四只猴子吃过桃以后，说了如下的话。

猴子甲："我吃过红色的桃。"

猴子乙："猴子甲现在手里有 4 个桃。"

猴子丙："我和猴子丁共吃了 3 个桃。"

猴子丁说了两句话："猴子乙吃了 2 个桃。""猴子丙现在拿着的桃数量不是3 个。"

现在我们知道：这四只猴子里，吃了 2 个桃子的猴子说了谎话，吃了 1 个桃子的猴子说了实话。

请问：最初每只猴子有几个桃，它们分别吃了几个，又都剩下了几个呢？

303. 意想不到的老虎

有一个死囚将于第二天被处死，但国王给了他一个活下来的机会。国王说，明天将会有五扇门让你依次打开，其中一扇门内关着一只老虎，如果你能在老虎被放出来前猜到老虎被关在哪扇门内，就可以免你一死。"但是，"国王强调，"你要记住，老虎在哪扇门内，绝对是你意想不到的。"

死囚为了能够活下来，苦思了很久。他想：如果明天我打开前四扇门后，老虎还没有出来，那么老虎一定在第五扇门后。但国王说这是一只意想不到的老虎，因此老虎一定不在第五扇门后。这样就只剩下前四扇门。再往前推，如果我打开前三扇门，老虎还没有出来，那它一定在第四扇门后。同样因为这是一只意想不到的老虎，所以老虎也不在第四扇门后。这样只可能在前三扇门中。如此再往前推，老虎也不可能在第三扇、第二扇，甚至是第一扇门中。也就是说，门里根本就没有什么老虎！看来国王是想饶自己一命。想通了这一点，死囚安心地睡去了。

第二天，当死囚满怀信心地去一一打开那几扇他自以为的空门时，老虎突然从其中一扇门里(比如第三扇门)跑了出来——国王没有骗他，这确实是一只意想不到的老虎。

那为什么会这样呢？死囚的推理错了吗？如果错了，又是错在哪一步呢？

304. 五名狙击手

刑事局干事历经千辛万苦，总算取得有关 A、B、C、D、E 五名狙击手的部分情报，再通过仔细分析，旋即找出了 B 狙击手的绰号。其资料如下。

(1) 大牛的体型比 E 狙击手壮硕。
(2) D 狙击手是白猴、黑狗的前辈。
(3) B 狙击手总是和白猴一起犯案。
(4) 小马哥和大牛是 A 狙击手的徒弟。
(5) 白猴的枪法远比 A 狙击手、E 狙击手准。
(6) 虎爷和小马哥都不曾动过 E 狙击手身边的女人。

请问，B 狙击手的绰号是什么？

305. 爆炸声

一艘豪华客轮在太平洋上航行，不幸触礁沉没，造成多人死亡。警察前来调查事故经过。一位幸存者向警察讲述说："轮船触礁后开始慢慢倾斜，我们随即登上一艘救生艇离开现场，开往安全区域。大概过了 40 分钟左右，突然'轰'的一声发生了爆炸，远远地可以看到客轮开始沉没。"

之后，警察又询问了好几位救生艇上的幸存者，他们对事件的描述都差不多，听到一声爆炸声后，轮船开始沉没。

就在警察决定结束调查时，另外一位逃生的游客说了一番与众不同的话："轮船触礁后，开始倾斜。我看救生艇比较小，而我自己又善于游泳，便没有登上救生艇，而是一个人跳入水中游向安全区域。我一会儿仰泳、一会儿俯游，大概用了 40 分钟的时间，突然听到一声爆炸声。我赶紧钻出水面回头向轮船看去，没过几秒钟，又发生了一次爆炸……"

"你确定你听到两次爆炸声？"警察颇为怀疑地问。

"是的，我确定。那么大的声音，我相信其他人也应该听得到。"游客如是说道。

请问，到底发生了几次爆炸呢？为什么有人听到一次爆炸声，有人听到两次爆炸声呢？

306. 珠宝店盗窃案

美国一家珠宝店发生盗窃案，警察抓到三名嫌疑犯。对三名嫌疑犯来说，下列事实成立。

(1) A、B、C 三人中至少一人有罪。

(2) A 有罪时，B、C 与之同案。

(3) C 有罪时，A、B 与之同案。

(4) B 有罪时，没有同案者。

(5) A、C 中至少一人无罪。

请问，谁是罪犯？

307. 统计员的难题

史密斯是一家人寿保险公司的保险统计员，因为接触太多的停尸台和一列列的生卒日期，他很少说到其他方面的事，甚至连做梦也很少梦到其他方面的事。他总是急急忙忙回家，给家里人出一些统计方面的问题，特别是给他的妻子。他妻子的数学能力往往受到他的奚落。

然而，不久以前，妻子抓住了他的把柄。一个事先的约定将把他的嘴封住一段时间，有可能因此医好他在家里谈论自己专长的毛病。

就在他说了一个统计方面的难题之后，由于没有他想象中那么受欢迎，他便自夸说，如果他妻子能提出任何关于日期或年龄方面的问题而他不能在 10 分钟内回答出来的话，他发誓他自己不再提出任何问题，直到这一天的周年纪念日为止。他的意思或许是整整一年，但是这件事发生在 1896 年 2 月 29 日这天，那是闰年，这一天不是每年都有周年纪念日的。他被诺言的字面解释给套住了。

你知道他妻子的问题是什么吗？

308. 选择箱子

一天，一个从外层空间来的超级生物欧米加在地球着陆。

欧米加搞出一个设备来研究人类的大脑。欧米加用两个大箱子检验了很多人。箱子 A 是透明的，总是装着 1000 美元；箱子 B 是不透明的，它要么装着 100 万美元，要么空着。

欧米加告诉每一个受试者："你有两种选择，一种是你拿走两个箱子，可以获得其中的东西。可是，当我预计你这样做时，我就让箱子 B 空着。你就只能得到 1000 美元。另一种选择是只拿箱子 B。如果我预计你这样做时，我就放进箱子 B 中 100 万美元。你能得到全部款项。"

说完，欧米加就离开了，留下了两个箱子供人选择。

一个男人决定只拿箱子 B。他的理由是——

我已看见欧米加尝试了几百次，每次他都预计对了。凡是拿两个箱子的人，只能得到 1000 美元。所以我只拿箱子 B，就会变成百万富翁。

一个女孩决定要拿两个箱子，她的理由是——

欧米加已经做完了他的预言，并已离开。箱子不会再变了。如果 B 是空的，那它还是空的；如果它是有钱的，它还是有钱。所以我要拿两个箱子，就可以得到里面所有的钱。

你认为谁的决定更好？两种看法不可能都对，哪一种错了，它为何错了？

309. 判断对错

地理老师让同学辨认一块矿石。

甲同学说："这不是铁，也不是铜。"

乙同学说："这不是铁，而是锡。"

丙同学说："这不是锡，而是铁。"

老师最后说："你们之中，有一人两个判断都对，另一个人的两个判断都错，还有一人的判断一对一错。"

请问，根据老师的回答，这块矿石到底是什么？

310. 寻宝的路线

某电视台组织了一次寻宝比赛，寻找藏在 Z 城的宝物。所有的参赛者先在 A 城集合，然后参赛者们分头去除了 A 城和 Z 城以外的其他九个城镇寻找线索，每一个城镇都有一条线索，只有把这些线索集中在一起，才会知道那件宝物藏在 Z 城的什么位置。而且有个要求，就是每个城镇只能去一次，不能重复。只有巧妙地安排自己的路线，才能顺利地从 A 城到达 Z 城。下图是 11 个城镇的分布图，城镇与城镇之间都有若干道路相连。

请问该怎么走呢？

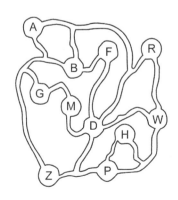

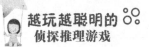
311. 确定起点

这是一幅寻宝地图。寻宝者在每一个方格只能停留一次，但通过的次数不限；到每一方格后，下一步必须遵守其箭头的方位和跨度指示行走(如↓4表示向下走4步，↗4表示沿对角线向右上走4步)；有王冠的方格为终点。

请问四个角哪里是寻宝的起点呢？在寻宝过程中，有些方格始终没有停留，这些方格会呈现出一个两位数，是什么数呢？

4↓	3→	2↘	8→	3→	3→	3↘	1↓	6↙	6↓	1↓	2←
4↓	2↓	5↙	2↓	1↗	6↓	3↓	4↘	5←	2↘	1↓	11←
1↗	5→	2↑	2→	1←	3↓	1↓	5←	4↓	2←	1↓	4←
2↘	4↓	2↓	3→	6↘	1↘	2→	5↑	1↘	1↓	7←
2→	1↘	1↗	1↗	2←	5↙	1←	4←	1←	👑	1←
3→	4↗	7↑	2↗	1↘	2←	1↑	1↑	4↑	5↗	2↑
6→	1↑	9→	2↗	1↗	3↑	6←	5←	10←	2↑
3↗	5↑	6↑	2↗	2←	2←	3←	1→	4←	3↖	11←

312. 奇怪的火灾

一位花草爱好者在自家的院子里建了一个塑料大棚专门培植各种珍稀花草。在一个晴朗的冬天中午，大棚里突然发生了火灾，这些珍稀花草被付之一炬。

从火灾现场来看，是大棚内的枯草引起的火灾，可是里面又没有火源，枯草是怎么着起来的呢？难道是有人纵火？昨晚刚下过一场雨，外面湿漉漉的，如果有人进入大棚，应该会留下脚印才对。可周围一点痕迹都没有。

你知道这场火灾究竟是怎么引起的吗？

313. 辨别方向(1)

一名年轻的女地质队员在一片荒野中迷路了，这是一片茂密的草原，上面有一些纵横交错的羊肠小道。马上又要下雨了，天空阴云密布。她只有一张地图，但是根本无法辨识方向，不知道该往哪个方向走。突然，她发现前方有个被雨水积满的小水坑，她笑了笑，立即取下自己头上的一只小别针。

很快，她就看清楚了东南西北，走出了这片荒野。

你知道她是如何做到的吗？

314. 辨别方向(2)

一天,几名地质队员在一片亚热带丛林中探索。其中一名队员由于受伤掉队了。走了很久,他发现自己迷路了,而他的指南针、地图等东西都在其他队员身上。他要赶上队伍,就必须知道方向,可是现在是阴天,根本无法根据太阳的位置分辨南北。周围到处都是高大的树木,低矮的灌木,还有被砍伐的树桩。这名经验丰富的队员马上找到了一种可以分辨南北的方法。

你知道他用的是什么方法吗?

315. 合租的三家人

有三户人家合租了一栋复式别墅。这三户人家都是三口之家:丈夫、妻子和孩子。他们的名字已在下表中列出来了:

丈夫	老张、老王、老李
妻子	丁香、李平、杜丽
孩子	美美(女)、丹丹(女)、壮壮(男)

现在只知道老张和李平家的孩子都参加了学校的女子篮球队训练;老王的女儿不叫丹丹;老李和杜丽不是一家的。

你能根据上面的条件说出每家分别是哪三个人吗?

316. 穿错了衣服

四兄弟一起喝酒,临走的时候每个人都拿错了大衣和帽子。老大拿走了一个家伙的大衣,而那个家伙的帽子又被老二拿走了;老二的大衣是被另一个人拿走的,而那个人又拿走了老大的帽子;老三把老四的帽子拿走了。

试问,老大和老二拿走了谁的大衣和帽子?

317. 九人分组

一个犯罪集团有三个成年妇女 R、S、T,两个成年男人 U、V 和四个孩子 W、X、Y、Z,他们一起完成一项任务。任务中,总共有九个座位,但这九个座位分别放在游戏场上三个不同的地方,三个座位一组互相毗邻。为了做这个任务,九个人必须根据以下条件分为三组。

(1) 同性别的成年人不能在一组。

(2) W 不能在 R 那一组。

(3) X 必须同 S 或 U 同组,或者同时与 S、U 同组。

问题 1:如果 R 是某组中唯一的大人,那么组里的其他两个成员必须是(   )。

A. W 和 X   B. W 和 Y   C. X 和 Y

D. X 和 Z   E. Y 和 Z

问题 2：如果 R 和 U 是第一组的两个成员，那么谁将分别在第二组和第三组
（　　）。

A. S，T，W；V，Y，Z
B. S，W，Z；T，V，X

C. S，X，Y；T，W，Z
D. T，V，W；S，Y，Z

E. W，X，Y；S，V，Z

问题 3：下列哪两个人能与 W 在同一组？（　　）

A. R 和 Y
B. S 和 U
C. S 和 V

D. U 和 V
E. X 和 Z

问题 4：下列哪一个判断一定是对的？（　　）

A. 有一个成年妇女跟两个孩子同一组

B. 有一个成年男人跟 W 同一组

C. R 和一个成年男人同组

D. T 那一组只有一个孩子

E. 有一个组没有孩子

问题 5：如果 T、Y 和 Z 在同一组，那么下列哪些人是另一组成员？（　　）

A. R，S，V
B. R，U，W
C. S，U，W

D. S，V，W
E. U，V，X

318. 小组成员

某集团组织成员有下列七位：弗雷德里克、乔治娅、海伦、艾琳、乔治、卡林
和拉蒙特，他们组成小组 X 和 Y，此外，我们还知道：

(1) 每个人必须在小组 X 或小组 Y 工作。

(2) 没有人能够既服务于小组 X 又服务于小组 Y。

(3) 弗雷德里克不能与乔治娅或乔治在同一个小组工作。

(4) 海伦不能与艾琳在同一个小组工作。

问题 1：如果海伦在小组 X，下列哪一条必定是正确的？（　　）

A. 弗雷德里克在小组 X
B. 乔治娅在小组 Y

C. 艾琳在小组 Y
D. 卡林在小组 X

E. 拉蒙特在小组 Y

问题 2：如果小组 X 只有两个人，下列人员当中谁有可能是其中之一？（　　）

A. 乔治娅
B. 海伦
C. 乔治

D. 卡林
E. 拉蒙特

问题 3：如果拉蒙特与卡林或艾琳不在同一个小组，下列哪一条是错误的？（　　）

A. 弗雷德里克与艾琳在一起
B. 乔治娅与海伦在一起

C. 海伦与卡林在一起
D. 艾琳与卡林在一起

E. 乔治与拉蒙特在一起

问题 4：原先的条件再加上下列哪一条限制，使小组的成员分配只有一种可能？（ ）

A. 弗雷德里克和拉蒙特必须在小组 X，而海伦必须在小组 Y

B. 乔治必须在小组 X，而卡林和拉蒙特必须在小组 Y

C. 乔治娅和拉蒙特必须在小组 X

D. 海伦和另外 4 个人必须在小组 X

E. 艾琳和其他 3 个人必须在小组 Y

319. 检验毒酒

一个国王有 1000 瓶红酒，并打算在他的六十大寿时打开来喝。不幸的是，其中一瓶红酒被人下了毒，凡是沾到者大约 20 个小时后开始有异样并马上死亡(只沾到一滴也会死)。由于国王的大寿就在明天(假设离宴会开始只有 24 小时的时间)，就算有千分之一的可能国王也不想冒险，他要在宴会之前把有毒的酒找出来。所以，国王就吩咐侍卫用监牢里的死刑犯来检验毒酒。

请问最少需要多少个死刑犯才能检验出毒酒呢？

320. 经营的种类

一条街道上有 1、2、3、4、5、6 六家店，每边各有三家。其中 1 号店在中间，且和其他的店的位置有着以下关系。

(1) 1 号店的旁边是书店。

(2) 书店的对面是花店。

(3) 花店的隔壁是面包店。

(4) 4 号店的对面是 6 号店。

(5) 6 号店的隔壁是酒吧。

(6) 6 号店与文具店在道路的同一边。

那么，想一想 1 号店是什么店呢？

321. 排卡片

1 张结婚卡、两张毕业卡、3 张周年纪念卡、4 张生日卡，被排成一个三角形：第一排 1 张卡片，第二排两张卡片，第三排 3 张卡片，第四排 4 张卡片。它们的排列须满足下列条件。

(1) 第四排没有生日卡。

(2) 每排相同内容的卡片不得超过两张。

(3) 生日卡不能与周年纪念卡放在同一排。

问题 1：下列哪一种排列符合以上条件？（ ）

A. 每排有 1 张生日卡

B. 第一、第二、第三排各有 1 张周年纪念卡

C. 所有的生日卡和毕业卡都放在前三排

D. 所有的生日卡放在第二排和第三排

E. 第三排内有两张周年纪念卡

问题 2：第二排必须由下列哪几张卡片组成？（　　）

A. 两张生日卡　　　　　　　　　　B. 两张周年纪念卡

C. 1 张生日卡和 1 张周年纪念卡　　D. 1 张周年纪念卡和 1 张结婚卡

E. 1 张结婚卡和 1 张毕业卡

问题 3：下列哪几张卡片可以组成第三排？（　　）

A. 1 张周年纪念卡和两张生日卡　　B. 1 张周年纪念卡和两张毕业卡

C. 1 张毕业卡和两张生日卡　　　　D. 1 张毕业卡和两张周年纪念卡

E. 1 张结婚卡和 1 张生日卡和 1 张毕业卡

问题 4：在所有的排列中，两张毕业卡在哪几种排列中可以排在一行内？（　　）

A. 第二排　　　　　　B. 第三排　　　　　　　C. 第四排

D. 第二排，第四排　　E. 第三排，第四排

问题 5：如果所有的生日卡被排在第二排和第三排，那么，下列哪一判断必定是正确的？（　　）

A. 在两张生日卡中间夹着一张结婚卡

B. 第一排是 1 张周年纪念卡

C. 当 1 张周年纪念卡放在第四排时，1 张毕业卡在同一排内毗邻于它

D. 第三排中有 1 张结婚卡

E. 第三排中有 1 张毕业卡

问题 6：如果有 1 张生日卡排在第三排中，那么下列哪一判断是错误的？（　　）

A. 当一张毕业卡放在第三排时，同排有 1 张生日卡毗邻于它

B. 第三排中间那 1 张是生日卡

C. 第一排是 1 张生日卡

D. 第二排的两张卡片都是生日卡

E. 第三排中间那张是结婚卡

问题 7：任何一种排列都肯定有下列哪种情况出现？（　　）

A. 1 张生日卡在第一排　　　　　　B. 结婚卡在第三排

C. 有 1 张毕业卡在第三排　　　　　D. 两张毕业卡都放在第四排

E. 有两张周年纪念卡在第四排

322. 轮流洗碗

六个露营者——爱丽丝、贝蒂、卡门、多拉、吉娜和哈里特在他们的六天露营生活中轮流洗碗，这样每个人洗一天碗就够了。洗碗的顺序按以下条件排列。

(1) 贝蒂在第二天或者在第六天洗碗。

(2) 如果爱丽丝在第一天洗碗，那么卡门就在第四天洗碗；若爱丽丝不在第一天洗碗，哈里特也不在第五天洗碗。

(3) 如果吉娜不在第三天洗碗，那么爱丽丝在第三天洗碗。

(4) 如果爱丽丝在第四天洗碗，那么多拉在第五天洗碗。

(5) 如果贝蒂在第二天洗碗，那么吉娜在第五天洗碗。

(6) 如果哈里特在第六天洗碗，那么多拉在第四天洗碗。

问题 1：下列哪一个洗碗顺序符合从第一天到第六天的洗碗条件？（　　）

A. 多拉、贝蒂、爱丽丝、吉娜、卡门、哈里特

B. 贝蒂、爱丽丝、哈里特、卡门、吉娜、多拉

C. 哈里特、吉娜、贝蒂、卡门、多拉、爱丽丝

D. 卡门、贝蒂、爱丽丝、多拉、吉娜、哈里特

E. 爱丽丝、贝蒂、多拉、卡门、吉娜、哈里特

问题 2：如果多拉在第六天洗碗，那么卡门在哪一天洗碗？（　　）

A. 第一天　　　　　　B. 第二天　　　　　　C. 第三天

D. 第四天　　　　　　E. 第五天

问题 3：如果爱丽丝在第一天洗碗，那么下列哪个人在第二天洗碗？（　　）

A. 贝蒂　　　　　　　B. 卡门　　　　　　　C. 多拉

D. 吉娜　　　　　　　E. 哈里特

问题 4：如果贝蒂在第二天洗碗，那么哈里特可能在哪一天洗碗？（　　）

A. 第一天　　　　　　B. 第四天　　　　　　C. 第一天或第四天

D. 第四天或第六天　　E. 第一天或第四天或第六天

323. 两卷胶卷

在一次选举中，一家报纸的摄影师交给报社两卷胶卷，其中一卷彩色胶卷，一卷黑白胶卷。这两卷胶卷拍的是关于某一个候选人的情况。

(1) 如果这个候选人在选举中获胜，那么这家报社的编辑们将用 X 卷。

(2) 如果这个候选人落选，编辑们将采用 Y 卷。

(3) Y 卷中的底片只有 X 卷的一半。

(4) X 卷是彩色片。

(5) X 卷中大部分的底片都已报废无用。

问题 1：如果这家报社没有刊登候选人的彩色照片，那么下列哪个判断必定正确？（　　）

A. 编辑们用了 X 胶卷　　　　　　B. 这个候选人在选举中没有获胜

C. Y 卷中没有 1 张有用的底片　　D. 这个候选人在选举中获胜

E. Y 卷中大部分底片没有用

问题 2：如果 Y 卷中所有的底片都有用，那么下列哪一陈述肯定正确？（　　）

A. Y 卷中有用的底片比 X 卷中有用的底片多

B. Y 卷中有用的底片只是 X 卷中有用的底片的一半

C. Y 卷中有用的底片比 X 卷中有用的底片少

D. Y 卷中的底片与 X 卷中的底片一样多

E. Y 卷中有用的底片是 X 卷中有用的底片的两倍

问题 3：如果这个候选人在选举中获胜，那么下列哪一陈述为真？（　　）

1. 彩色胶卷将被采用。

2. 如果这个候选人落选，那么这家报社所用的彩色照片与黑白照片一样多。

3. 不采用黑白片。

A. 只有 1 是对的　　　　　B. 只有 3 是对的　　　　　C. 只有 1 和 2 是对的

D. 只有 1 和 3 是对的　　　E. 只有 2 和 3 是对的

324. 亲生子

有一个亿万富翁，他年事已高，弥留之际，他想找到自己失散多年的儿子继承自己的财产。这时有人称自己是富翁的儿子，警察询问此人的血型，回答是 B 型。已知富翁和他的妻子都是 A 型血。这个男子可能是富翁的亲生儿子吗？

325. 假借据

王涛是一家贸易公司的高层管理人员，正在公司发展蒸蒸日上的时候，他却因为癌症病死了。葬礼后没几天，一位陌生人来到王涛家，对他太太说："我是林涛的生意伙伴，他曾经因业务需要向我借了 50 万元钱。现在他死了，这笔钱应该你来还了吧。"说着拿出了一张借据。

王太太看了看借据，只见上面写着："因业务需要向×××借款 50 万元。"并有丈夫的签名。王太太不假思索地说："对不起，我丈夫从来没有提起过此事。而且你这张借据是假的，你要是继续纠缠的话，别怪我报警了！"

陌生人一听，马上灰溜溜地走了。

你知道王太太是如何发现借据是假的吗？

326. 密室盗宝

一个富翁收藏了一颗价值连城的钻石，有一天，著名的大盗给他寄了封信："今晚 12 点左右我要把你的钻石偷走。"富翁看到这封信很害怕，就立刻报了警，警方决定在富翁家进行监视。富翁把钻石放到盒子里，然后把钻石和盒子一起放到自己家的一个密室里，这个密室除了一个石门外，没有其他路能进去。警察就在石门外守着。等到钟声敲过 12 点，刚刚五分钟，就有个信差送来一封信："我已经拿到想要的钻石了。"警察赶忙打开密室，发现盒子还在，钻石已经不翼而飞了。

这到底是怎么回事呢？

327. 巧辩冤案

唐朝李靖担任岐州刺史的时候，被人诬告他谋反。唐高祖李渊派御史大夫刘成连同告状者一起前去审理此案。刘成与李靖素有私交，也了解他的为人，知道必是有人诬告。无奈告状者准备充足，罗列了大量罪证。

一天早上，告状者看到一脸惊慌的刘成正在责骂鞭打他的随从，忙过来询问缘故。刘成回答说："他弄丢了你写的状子。皇帝让我们办此事，现在状子丢了，皇帝会认为我们与李靖私通，不会放过我们的。"

告状者也感到了问题的严重性，忙问刘成有什么解决之法。刘成说："只有把此事隐瞒下来，请你再重新写一份状子补上，这样谁也不会知道。"

告状者想了想，没有别的办法也只好如此了。于是重新写了一份状子，交给刘成。

结果过了几天，皇帝就下令抓住告状者，并释放了李靖。

你知道这到底是为什么吗？

328. 独木舟旅行

罗伯特家与吉姆家准备一起乘独木舟旅行。这两家的家庭成员共九人，他们是——罗伯特(父)、玛丽(母)，以及他们的三个儿子：托米、丹、威廉；吉姆(父)、埃伦(母)，以及他们的两个女儿：珍妮、苏珊。此外，我们还已知：

(1) 有三条独木舟，每条独木舟上坐三个人。

(2) 每条独木舟上至少有一个父母辈的人。

(3) 每条独木舟上不能全是同一个家庭的成员。

问题 1：如果两个母亲(玛丽与埃伦)在同一条独木舟上，而罗伯特的三个儿子分别坐在不同的独木舟上，下面的哪一个肯定是正确的呢？(   )

　　A. 每条独木舟上有男也有女　　B. 有一条独木舟上只有女的

　　C. 有一条独木舟上只有男的　　D. 珍妮和苏珊两姐妹坐在同一条独木舟上

　　E. 罗伯特与吉姆这两个父亲坐在同一条独木舟上

问题 2：如果埃伦和苏珊乘坐同一条独木舟，下面哪一组人可以同乘另一条独木舟呢？(   )

　　A. 丹、吉姆、珍妮　　　　　　B. 丹、吉姆、威廉

　　C. 丹、珍妮、托米　　　　　　D. 吉姆、珍妮、玛丽

　　E. 玛丽、罗伯特、托米

问题 3：如果吉姆和玛丽在同一条独木舟上，下列的五种情况中，只有一种情况是不可能存在的。到底是哪一种情况呢？(   )

　　A. 丹、埃伦和苏珊同乘一条独木舟

　　B. 埃伦、罗伯特和托米同乘一条独木舟

C. 埃伦、苏珊和威廉同乘一条独木舟

D. 埃伦、托米和威廉同乘一条独木舟

E. 珍妮、罗伯特和苏珊同乘一条独木舟

问题4：罗伯特家的三个儿子乘坐不同的独木舟。对此，P、Q、R 三个人作出三种断定。

P 断定：吉姆家的两个女儿不在同一条独木舟上。

Q 断定：吉姆和埃伦夫妻俩不在同一条独木舟上。

R 断定：罗伯特和玛丽夫妻俩不在同一条独木舟上。

哪一种判断肯定是正确的呢？（　　）

A. 只有 P 的断定对　　　　　　　　B. 只有 Q 的断定对

C. P 和 Q 的断定对，R 的断定错　　D. P 和 R 的断定对，Q 的断定错

E. P，Q，R 的断定都对

问题5：途中，吉姆和两个男孩子徒步旅行，剩下的六个人则乘坐两条独木舟继续旅行。如果题设的其他已知条件不变，下面哪一组的孩子们可能留下来乘坐独木舟？（　　）

A. 丹、珍妮、苏珊　　　　　　　　B. 丹、苏珊、威廉

C. 丹、托米、威廉　　　　　　　　D. 丹、托米、苏珊

E. 苏珊、托米、威廉

329. 不同的病症

已知：

(1) 一个得了 G 病的病人，会表现出发皮疹和发高烧，或者喉咙痛，或者头痛等症状，但不会同时有后两种症状。

(2) 一个得了 L 病的病人，会表现出发皮疹和发高烧等症状，但既不会喉咙痛，也不会头痛。

(3) 一个得了 T 病的病人，至少会表现出喉咙痛、头痛和其他可能产生的症状中的某种症状。

(4) 一个得了 Z 病的病人，至少会表现出头痛和其他可能产生的症状中的某种症状，但决不会发皮疹；

(5) 没有人会同时患上所列 G、L、T、Z 四种疾病之中的两种以上。

问题1：如果一个病人既喉咙痛又发烧，那么这个病人肯定（　　）。

A. 得了 Z 病　　　　B. 得的不是 G 病　　　　C. 得的不是 L 病

D. 发了皮疹　　　　E. 头也痛

问题2：如果有一个病人，患了以上某种不发皮疹的疾病，那么他肯定（　　）。

A. 发烧　　　　　　B. 头痛　　　　　　　　C. 喉咙痛

D. 得了 T 病　　　　　　　E. 得了 Z 病

问题 3：如果病人米勒没有喉咙痛的症状，那么他肯定(　　)。

A. 得了 L 病　　　　　　　B. 得了 Z 病　　　　　　　C. 得的不是 G 病

D. 得的不是 Z 病　　　　　E. 得的不是 T 病

问题 4：如果病人罗莎患上了以上某种疾病，但她既不发烧又不喉咙痛，那么，下列哪个判断肯定是对的？(　　)

(1)　她头痛。

(2)　她得了 Z 病。

(3)　她发了皮疹。

A. 只有(1)是对的　　　　　B. 只有(2)是对的　　　　　C. 只有(3)是对的

D. 只有(1)和(2)是对的　　　E. 只有(2)和(3)是对的

问题 5：如果病人哈里斯患了以上某种疾病，但他没有发烧，那么，他肯定会有下列哪种症状？(　　)

(1)　头痛；

(2)　发皮疹；

(3)　喉咙痛。

A. 只有(1)是对的　　　　　B. 只有(2)是对的　　　　　C. 只有(3)是对的

D. 只有(1)和(2)是对的　　　E. 只有(2)和(3)是对的

问题 6：如果某个病人患了以上某种疾病，只表现出发烧和头痛两种症状，那么他得的肯定是(　　)。

A. G 病　　　　　　　　　B. L 病　　　　　　　　　C. T 病

D. Z 病　　　　　　　　　E. 可能是 G 病，也可能是 T 病

330. 密码的学问

一种密码只由字母 K、L、M、N、O 组成。密码的字母由左至右写成。符合下列条件才能组成密码文字。

(1)　密码文字最短为两个字母，可以重复。

(2)　K 不能为首。

(3)　如果在某一密码文字中有 L，则 L 就得出现两次以上。

(4)　M 不可为最后一个字母，也不可为倒数第二个字母。

(5)　如果这个密码文字中有 K，那么一定有 N。

(6)　除非这个密码文字中有 L，否则 O 不可能是最后一个字母。

问题 1：下列哪一个字母可以放在 LO 后面形成一个由三个字母组成的密码文字？(　　)

A. K　　　　B. L　　　　C. M　　　　D. N　　　　E. O

问题 2：如果某一种密码只有字母 K、L、M 可用，且每个字只能用两个字母

组成，那么可组成密码文字的总数是几？（　　）

A. 1　　　　　B. 3　　　　　C. 6　　　　　D. 9　　　　　E. 12

问题 3：下列哪一组是一个密码文字？（　　）

A. KLLN　　　B. LOML　　　C. MLLO　　　D. NMKO　　　E. ONKM

问题 4：K、L、M、N、O 五个字母能组成几个由三个相同字母组成的密码文字？（　　）

A. 1　　　　　B. 2　　　　　C. 3　　　　　D. 4　　　　　E. 5

问题 5：只有一种情况除外，以下其他四种方法可以使密码文字 MMLLOKN 变成另一个密码文字。这种例外情况是（　　）。

A. 用 N 替换每个 L　　　　　　　　B. 用 O 替换第一个 M

C. 用 O 替换 N　　　　　　　　　　D. 把 O 移至 N 右边

E. 把第二个 M 移至 K 的左边

问题 6：下列五组字母中，有一组不是密码文字，但是只要改变字母的顺序，它也可以变成一个密码文字。这组字母是（　　）。

A. LLMNO　　　　　　B. LLLKN　　　　　　C. MKNON

D. NKLML　　　　　　E. OMMLL

问题 7：下列哪一组密码能用其中的某个字母来替换这个密码中的字母 X，从而组成一个符合规则的密码文字？（　　）

A. MKXNO　　　　　　B. MXKMN　　　　　　C. XMMKO

D. XMOLK　　　　　　E. XOKLLN

331. 两对三胞胎

M、N、O、P、Q 和 R 是两对三胞胎。此外，我们还知道以下条件。

(1) 同胞兄弟姐妹不能婚配。

(2) 同性不能婚配。

(3) 六人中，四人是男性，两人是女性。

(4) 没有一对三胞胎是同性兄弟或姐妹。

(5) M 与 P 结为夫妇。

(6) N 是 Q 的唯一的兄弟。

问题 1：下列哪一对人中，谁和谁不可能是兄弟姐妹关系？（　　）

A. M 和 Q　　　　　　B. O 和 R　　　　　　C. P 和 Q

D. P 和 R　　　　　　E. R 和 Q

问题 2：在下列何种条件下，R 肯定为女性？（　　）

A. M 和 Q 是同胞兄弟姐妹　　　　　B. Q 和 R 是同胞兄弟姐妹

C. P 和 Q 是同胞兄弟姐妹　　　　　D. O 是 P 的小姑

E.O 是 P 的小叔

问题 3：下列哪个判断肯定错？（　　　）

A.O 是 P 的小姑　　　　　　　　B.Q 是 P 的小姑

C.N 是 P 的小叔　　　　　　　　D.O 是 P 的小叔

E.Q 是 P 的小叔

问题 4：如果 Q 和 R 结为夫妇，下列哪一判断肯定正确？（　　　）

A.O 是男的　B.R 是男的　C.M 是女的　D.N 是女的　E.P 是女的

问题 5：如果 P 和 R 是兄弟关系，那么下列哪一判断肯定正确？（　　　）

A.M 和 O 是同胞兄弟姐妹　　　　B.N 和 P 是同胞兄弟姐妹

C.M 是男的　　　　　　　　　　D.O 是女的

E.Q 是女的

332. 参观的路线

某博物馆的负责人正走进一个临时分为七个房间——R、S、T、U、X、Y 和 Z 的画展的预展厅。他们首先到达房间 R，并且只能通过 R 出入展览馆。但是，一旦到展览馆内，他们即可自由地选择从一个房间到另一个房间去。所有连接七个房间的通道是：R 和 S 之间有一扇门；R 和 T 之间有一扇门；R 和 X 之间有一扇门；S 和 T 之间有一扇门；X 和 U 之间有一扇门；X 和 Y 之间有一扇门；Y 和 Z 之间有一扇门。

问题 1：下面哪个房间，是博物馆负责人不可能从入口进去的第三个房间？（　　　）

A.S　　　　B.T　　　　C.U　　　　D.Y　　　　E.Z

问题 2：如果有一扇两个房间之间的门被关掉，而所有的房间仍能让这些负责人进，那么，被关掉的门是可以通向下列哪一个房间的通道？（　　　）

A.S　　　　B.U　　　　C.X　　　　D.Y　　　　E.Z

问题 3：假如有一位参观者觉得没有必要经常走来走去，而只想参观完所有的房间后就离开，下列哪一个房间这位参观者必须进去两次？（　　　）

A.U　　　　B.S　　　　C.T　　　　D.Z　　　　E.Y

问题 4：有人建议开出一条新的通道使参观者从 R 开始参观一直到 Z 结束，不重复走任何一个房间。下列哪一个通道是正确的？（　　　）

A.R-U　　　B.S-Z　　　C.T-U　　　D.U-Y　　　E.U-Z

333. 遗产的分配

有个在写遗嘱的人有五个可能继承者——S、T、U、V 和 W。遗产共有七块土地，编为 1～7 号。七块土地将按以下条件分配。

(1) 没有一块地可以分给多个人，没有一个继承者可继承三块以上土地。

(2) 谁继承了 2 号地，就不能继承其他地。

(3) 没有一个继承者可以既继承 3 号地，又继承 4 号地。

(4) 如果 S 继承了一块地或数块地，那么 U 就不能继承。

(5) 如果 S 继承 2 号地，那么 T 必须继承 4 号地。

(6) W 必须继承 6 号地，而不能继承 3 号地。

问题 1：如果 S 继承了 2 号地，那么谁必须继承 3 号地？（　　）

A. S　　　　　B. T　　　　　C. U　　　　　D. V　　　　　E. W

问题 2：如果 S 继承了 2 号地，其他三位继承者各继承两块地，那么三人当中没人能同时继承下列哪两块地？（　　）

A. 1 号地和 3 号地　　　　B. 1 号地和 6 号地　　　C. 1 号地和 7 号地

D. 4 号地和 5 号地　　　　E. 6 号地和 7 号地

问题 3：如果 U 和 V 都没有继承土地，谁一定继承了 3 块土地？（　　）

A. 只有 S 继承了 3 块地　　　　　　B. 只有 T 继承了 3 块地

C. 只有 W 继承了 3 块地　　　　　　D. S 和 T 每人都继承了 3 块地

E. S 和 W 每人都继承了 3 块地

334. 现在几点

在早晨列队检查时，警长问身边的秘书现在几点了。精通数学的秘书回答道："从午夜到现在这段时间的四分之一，加上从现在到午夜这段时间的一半，就是现在的确切时间。"

你能算出这段对话发生的时间吗？

335. 网球比赛

艾伦、巴特、克莱、迪克和厄尔每人都参加了两次网球联赛。

(1) 每次联赛只进行了四场比赛：艾伦对巴特，艾伦对厄尔，克莱对迪克，克莱对厄尔。

(2) 只有一场比赛在两次联赛中胜负情况保持不变。

(3) 艾伦是第一次联赛的冠军。

(4) 在每一次联赛中，输一场即被淘汰，只有冠军一场都没输。

谁是第二次联赛的冠军？

注：每场比赛都不会有平局的情况。

提示：从一个人必定胜的比赛场数，判定在第一次联赛中每一场的胜负情况；然后判定哪一位选手在两场联赛中输给了同一个人。

336. 三种颜色的球

几个男孩在一起玩玻璃球。每个人要先从盒子里拿 12 个玻璃球。盒子中绿色的玻璃球比蓝色的少，而蓝色的玻璃球又比红色的少。因此，每个人红色的要拿得最多，绿色的要拿得最少，并且每种颜色的玻璃球都要拿。小明先拿了 12 个玻璃球，其他的男孩子也都照着做。盒子中只有三种颜色的玻璃球，且数量也刚好够大家拿。

几个男孩子最后把球看了一下，发现拿法全都不一样，而且只有小强有 4 个蓝色玻璃球。

小明对小刚说："我的红球比你的多。"

小刚突然说："咦，我发现我们三个人的绿色球一样多啊！"

"嗯，是啊！"小华附和说，"咦，我怎么掉了一个球！"说着把脚边的一个绿球捡了起来。

几个男孩手里总共有 26 颗红色的玻璃球。请问这里有多少个男孩？各种颜色的球各有多少个？

337. 被困的海盗

一艘海盗船被天上砸下来的一块石头给击中了，五个倒霉的家伙只好逃难到一个孤岛，发现岛上空荡荡的，只有一棵椰子树和一只猴子。

大家把椰子全部采摘下来放在一起，但是天已经很晚了，所以大家决定先去睡觉。

晚上某个家伙起床悄悄地将椰子分成五份，结果发现多一个椰子，就顺手给了那只猴子，然后悄悄地藏了一份，把剩下的椰子混在一起放回原处后，悄悄地回去睡觉了。

过了一会儿，另一个家伙也起床悄悄地将剩下的椰子分成五份，结果发现多一个椰子，顺手就又给了幸运的猴子，然后悄悄地藏了一份，把剩下的椰子混在一起放回原处后，悄悄地回去睡觉了。

又过了一会儿……

又过了一会儿……

总之，五个家伙都起床过，都做了一样的事情。

早上大家都起床后，各自心怀鬼胎地分椰子了，这个猴子还真不是一般的幸运，因为这次把椰子分成五份后居然还是多一个椰子，只好又给它了。

问题来了，这堆椰子最少有多少个？

338. 口袋里的钱

甲：我们三人口袋里的钱都不超过 30 元。

乙：我口袋里的钱的平方减去甲口袋里钱的平方正好是丙口袋里钱的平方。

丙：我的钱减去甲的钱再加上乙的钱就是丁口袋里的钱数。

请问三人口袋里各有多少钱？

339. 分配零食

小红的爸爸买了一堆零食回来分给来家里做客的小朋友。第一个小男孩说："小丽喜欢吃话梅。"第二个男生说："我喜欢吃核桃，但我不是明明。"第三个女生说："有一个男生喜欢吃橘子，但不是小新。"第四个女生说："小玲喜欢吃瓜子，但是我不喜欢。"

你能判断出这四个小孩都是谁？他们分别喜欢吃什么吗？

340. 不合格的钢球

一家工厂生产钢球，合格的产品要求所有钢球完全一样重。但是有一天生产了12个钢球，工程师发现机器出了点毛病，使这12个钢球中的一个与正常的钢球质量有了偏差，可能偏轻也可能偏重。

现在需要将这个不合格的产品挑出来。但是手上只有一个天平，没有任何砝码和刻度。只能确认两个托盘里的物品是否平衡，而称不出重量。

请问你可不可以只用这个天平，只称三次就找到那个不合格的钢球。

答案

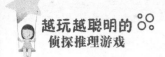
1. 偷吃鸡蛋

因为刚偷吃完鸡蛋，一定有蛋黄塞在牙缝里。妈妈让三个孩子分别喝一口水，漱漱口，然后吐在盘子里。谁的漱口水中含有蛋黄沫子，就是谁偷吃了鸡蛋。

2. 不在场的证明

开车的是劫案的同谋。歹徒弄了两辆颜色和车牌完全相同的车。歹徒抢劫之后，其同伙开着车在警察局外面掩护，故意吸引警方的注意力，为劫匪开脱。

3. 消失的杯子

小明把围着的毛线围巾拆开，用长长的毛线穿过玻璃杯的柄，慢慢地把杯子从窗户放到地面，然后松开线的一头，把毛线收回，装在口袋里，这样做就可以了。

4. 车牌号码

因为被害人被撞得仰面朝天，这时看到的车牌号是倒着的。所以真正的车牌号不是 8961，而是 1968。

5. 哪个是警察

因为小明看到的是背影，所以右边是警察。因为警察要保证自己的安全，所以会把自己的左手和小偷的右手铐在一起。即使小偷有反抗行为，警察也可以用空闲的右手拔出手枪来制伏对方。

6. 巧断失窃案

办案人员书面盘问结束后，淡淡地说了一句："没事了，你可以回去了。"

7. 谁是嫌疑人

是乙。

假设队员甲在接到手机呼叫后就打晕，时间为 9:15。

上游的丁返回接手机呼叫 9:50，也就是说只有 35 分钟，少于 60 分钟，逆水而上时间不够。

对岸的丙返回接手机呼叫 9:45，也就是说只有 30 分钟，对岸 30 分钟回不去，这不符合条件。

只有乙在甲下游，第一次接到手机呼叫时是 8:15，离 9:15 有 60 分钟，9:15 离他第二次接到手机呼叫时间 9:40 有 25 分钟，总计时间有 85 分钟，而且下游的他在 60 分钟内恰好有时间逆水而上到达队员甲的帐篷。在 25 分钟内有足够的时间顺水而下回到自己的帐篷接到手机呼叫。

8. 塔顶的夜明珠

大徒弟说了谎，是他偷走了夜明珠。因为老方丈是中秋节时走的，出去了半个月，昨晚应是农历初一，没有月亮，哪能有月光呢？

9. 两份遗嘱

因为如果用圆珠笔仰面写字，会很快写不出来的，不可能写出完整的遗嘱来。

10.外出旅行

房主既然那么爱这条狗，那么在她外出旅行前她肯定会把狗寄养在朋友家中或者宠物中心。因为如果没有人照料这条狗的话，过不了几天它就会被活活饿死。房主这么爱这条狗，她绝对不可能不考虑它的生死。

11. 谁是小偷

因为列车在停靠车站时，为了保证站内卫生，厕所一律锁门，禁止乘客使用。去长沙的乘客说他在上厕所是在撒谎。

12. 特级教师被袭

窗口不可能会出现影子。刘夏说"窗口有个举木棒的影子"，他在撒谎！因为桌上台灯的位置是在于老师和窗口之间，不可能把站在于老师背后罪犯的影子照在窗子上。

13. 奇怪的陌生人

后来和警察一起跑进来的陌生人才是真正的逃犯。他进诊所时，年轻人已经穿好了病号服，因此他不应该知道年轻人是背部中弹的，除非年轻人背部的子弹是他打的。

14. 奇怪的失踪案

放在窗台上的9朵玫瑰，在房间里搁了两个星期后早已枯萎凋谢，窗台、地板上肯定会有掉落的花瓣，不可能"只有一点灰尘"。据此，警长判断富翁不是自己离开，而是被抓走了。

15. 聪明的警长

探长并没有提到案发地点，王刚能拿回钢笔，说明他知道案发地点不是花园街那间小公寓，而是那所乡村旅馆。

16. 两个嫌疑人

凶手是黛妮小姐的男朋友。因为黛妮小姐是穿着睡衣被人打晕的，她家门上有个窥视窗，门铃响时，她必定先看看来人是谁，如果是那个学生，她必定不会穿着睡衣迎客；只有看到自己的男朋友时，才会穿着睡衣让他进来。

17. 汽车抢劫案

因为王刚从来没有和加油员说过自己是什么车，而加油员就可以准确地买来两个正确型号的轮胎，说明他之前见过王刚的车。所以，那四个劫匪中肯定有这个加油员。

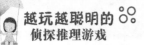

18. 怀疑的对象

如果当时警察去破案，当然是在昨天4点钟的时候去了的话，送报的和送奶的就会知道人被袭击住院了，也就不会留下东西了，可是不巧的是警察没有相信这事，送报的邮差照常去了，而送奶工以为警察去破案了所以没有去送奶，这可以根据一个空奶瓶和两叠报纸推知。所以哈莱金怀疑的是送奶工。

19. 找宝箱

因为小明长大了，步子也变大了。所以走10步的位置不再是原来的位置了。

20. 教授的暗示

因为这个算式是教授的暗示，$101 \times 5 = 505$，是"SOS，救命"的意思。所以警长就拨通了电话报警了。

21. 接头暗号

因为是过了元旦不久，所以当时是一月。把接头暗号中的"腊"字拆开，就是"月廿一日"，所以接头时间应该是一月二十一日酉时。

22. 逃逸的汽车

是10AU81，因为是在反光镜里看到的，所以号码是反的。

23. 假币

因为这张假币与真币很接近，只是颜色和真币有区别。而且这个区别比较明显，连小明都可以轻易认出来，更别说是经常接触钱的妈妈。唯一的可能就是那个买水果的人用一张百元钞票，妈妈没有真币和它对照，才误收了假币。所以就是那个只用了一张百元钞票的小伙子给的假币。

24. 两万英镑

米西尔从电话里得知狄娜的消息后，再也没有和狄娜通过电话，而狄娜却知道他用新买的蓝色皮箱装钱给了威克思，显然她是从威克思那里获悉的。结论非常清楚：狄娜与威克思合谋敲诈米西尔。

25. 化学家捉贼

化学家的声明是这样写的："昨晚来我家中误喝了几口酒的朋友请注意，那瓶酒里有我最新研制的化学毒素，饮用后不出五天必死无疑。请这位朋友看到声明后马上来家中服用解药。"

26. 有经验的警察

因为普通人翻东西的时候都是把抽屉从上到下依次拉开的。而张家所有的抽屉都打开了，说明小偷是从下往上依次拉开所有的抽屉，这样上面的抽屉不会妨碍查看下面的抽屉，只有惯偷才会懂得这样做。

27. 半夜异响

是夜里一点半。因为只有在 12 点半、1 点、1 点半三个时刻，钟才是连续三次响一次的。

28. 职业小偷

是那位西装革履的男子。因为如果是另外两个人的话，她们应该连他最先偷的那个钱包一块偷走，就算不全偷，她们也不能确定哪个钱包是小李的。

29. 嫌疑人的破绽

罪犯是厨师。因为就算人再多，调料的需求量也不大，每天去调料店买调料是不正常的举动。

30. 整形的通缉犯

整形医生按照另外一名通缉犯的样子给他整的容，警察以为他是另外一名通缉犯，就把他抓起来了。

31. 清晰的手印

因为当我们把手贴在玻璃上时，只有四个手指是正面贴着玻璃面的，而大拇指只有一个侧面是贴着玻璃面的，而这个指纹是五个手指都正面贴着玻璃面，显然是伪造的。

32. 骗保险金

因为如果是被盗的话，小偷不会费劲儿撬开大门和柜门之后只偷走其中一张最珍贵的邮票，而是应该全部拿走，因为它们都很值钱。

33. 谁报的警

小偷闯进来的时候，女子正在打电话，而且一直没有挂断。她说的那句"等一下，我去开门。"是对电话里的人说的。听到这边出了事，电话那边的人报了警。

34. 及时赶到的警察

因为女孩当时正在上网聊天，开着视频，对面的人清楚地看到了这里发生的一切，并报了警。

35. 细心的保安

因为保安发现其他人的雨伞都是湿的，而这个人的雨伞却是干的，说明她不是早上进去的。

36. 破绽

因为我们都知道，夏天的中午是不能给植物浇水的，那样会造成植物死亡。这个常识园丁肯定是知道的，所以这个时候浇花的园丁一定是伪装的嫌疑犯。

37. 说谎的嫌疑人

因为保安说他拉上了窗帘，如果是这样的话，小偷从外面打碎玻璃时，碎玻璃就会被窗帘挡住绝大部分，不会落得满地都是了。

38. 隐藏的嫌犯

第六个人。抢劫犯跑了很长一段路，肯定会像阿飞一样气喘吁吁的。只有第六个人在大口大口地喘气，并用跑步取暖来掩饰。

39. 开玩笑

是那个玩滑板的孩子做的，他把自行车锁着的前轮放在滑板上固定好，靠后轮驱动着车子，把车子骑走了。

40. 小偷的破绽

因为他开了灯。邻居知道屋主不在家，突然开了灯一定是进了小偷，就报了警。

41. 谁偷的文件

是他的助理。原因日本的国旗是看不出来正反的。所以，他在说谎。

42. 林肯智斗歹徒

因为左轮手枪只可以装 6 发子弹，歹徒在他的帽子和大衣上分别开了三枪，枪里已经没有子弹了，所以林肯趁这个机会发动了反击。

43. 破绽在哪儿

冬天玻璃的外面不结冰，只有屋子里有热气，才会从内部结冰的。

44. 新手小偷

他忘记了关灯。

45. 谁在说谎

是第三个人，因为彩虹的位置和太阳相反，所以看彩虹时绝不会觉得阳光刺眼。

46. 隔壁的通缉犯

医生把他的听诊器贴在墙上，就听清楚了隔壁房间的说话声。

47. 只差五厘米

他用脚趾夹住芯片递了过去。因为人的腿要比手臂长一些，可以伸得更远。

48. 不在场的证明

盗贼是这个小伙子的孪生兄弟。

49. 骗保险

因为晚上玩电脑，外面黑黑的，不可能通过光亮的电脑屏幕看到反射的黑影。

50. 意外还是纵火

因为电路因短路而起火是不能用水浇灭的，这是个常识。浇水只会引起更大的火灾。

51. 窃取情报

是第三个人。因为录音开始的 1 分钟没有声音，只有关门声。说明那个人从安装录音笔到出门的这段时间都没有留下脚步声，而只有穿旅游鞋走路才会没有声音。用录音笔窃取情报，一定会来回收录音笔，因此作案人不会故意放轻脚步，使自己的脚步声不留在录音笔上。

52. 值得怀疑

因为从泰国首都曼谷到北京有直达航班，没必要从菲律宾转一次机，就算是去菲律宾旅游，也不会只在菲律宾待几个小时马上又飞下一个地方。

53. 露出马脚

因为他为了烤火鸡点燃了壁炉，一栋没人住的房子烟囱冒烟，当然会引起巡警的注意。

54. 探险家的发现

因为恐龙生活的年代远远早于人类出现的年代，他们是不可能出现在一起的。

55. 盲人的"眼睛"

因为小偷所在的位置恰好挡住了维特家的大座钟，本来维特听惯了座钟钟摆的"嘀嗒"声，现在听不到了，说明小偷就在大座钟前面，所以，他向座钟的方向开了枪，就打中了小偷。

56. 福尔摩斯

因为张三的行李箱超大，必须托运，而托运的行李上写有"张三"的名字，再加上张三在门口张望，李四看了一眼张三的行李箱就可以确定了。

57. 巧妙报警

因为小王是这里的片警，很熟悉附近的情况，他知道李利没有哥哥。李利说哥哥向他问好时，他就明白了。

58. 吹牛

因为狗对亮度和色调的敏感性不如人类，它们是不容易分辨红色和绿色的。

59. 照片证据

凶手利用底片反洗照片来做不在场的证据。其实拍照时间是当天上午 9 点，反洗照片后，看起来就像下午 3 点一样。

但是细心的警察发现，照片上凶手穿的衣服纽扣是左右颠倒的，所以警长知道这张照片是伪证。

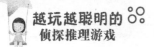
60. 谁是劫匪

劫匪是制作防盗玻璃柜的经手人。他在制作玻璃的时候留下了一小块瑕疵，也只有他自己知道这块玻璃的弱点在哪里。有了这个瑕疵，用锤子在那里一敲，玻璃就会破碎。

61. 手表

因为怀特加了一夜的班，天亮才回到家。而他的妻子说自己是在前一天下午被打晕，所以她被发现后讲述案情时应该说今天下午 3 点前后，而不是昨天下午。显然她并没有真的昏迷，并知道已经过了一晚。而且酒窖没有窗户，不可能判断出当时的时间。

62. 偷牛贼

县官大喝道："偷牛贼也敢起来走啊！"

由于偷牛贼做贼心虚，惊恐之下露出了马脚。

63. 失误

警察调查被烧毁的汽车就会知道，车掉下山谷时油箱里几乎没有油了，不可能被那么大的火烧成灰烬，所以 007 的失误在于不该浇上汽油点火。

64. 邮局行窃案

小偷走出邮局后，马上用事先准备好的信封把钱包装起来，投进了门口的邮筒中。过了几天，钱包就被邮局的工作人员寄送到了小偷的家中。

65. 破绽

破绽是用茶汁染黄的字据全是黄色的，而因时间久远的字据，叠起来保存的话，应该是外面发黄，里面还是白的。

66. 歹徒的破绽

因为冬天戴着眼镜的人如果从外面闯进浴室，会因为眼镜结雾而看不清人。

67. 破绽在哪儿

因为当时外面的气温达到零下 20 多摄氏度，事发地点又在离旅馆两公里以外处。就算跑回来，衣服也应该结了冰，而他却是浑身湿漉漉的。说明他是在旅馆附近不久前自己用水淋湿的。

68. 皇帝断案

在游街时，乾隆派出手下混入人群中跟随打探。知道内情的人纷纷倒出了哑巴佣人的冤屈，从而了解到了案情真相。

69. 识破小偷

警官看到那条狗翘起后腿撒尿，便识破了那个男子的谎言。

因为只有公狗才翘起后腿撒尿，而母狗撒尿时是不翘后腿的。然而，那个男子却用"玛丽"这种女性的称谓叫那条公狗。如果他真是这家的主人，是不会不知道自己家所豢养的狗的性别的。所以，他就不会用女性称谓去喊公狗的。

由于这条狗长得毛茸茸的，小偷从外表上根本看不出它的性别，便随口胡乱用了女性的名字叫它。

另外，这条狗之所以对小偷很温顺听话，是因为他进来时喂了它几片肉。

70. 比赛

因为两人都在一楼商场门口，基德上三楼，只要爬两层。而柯南下地下三层要下三层楼。柯南一定会输的。

71. 吹牛

因为那条小路在两个悬崖中间的山谷里，没有任何危险，只要一步步走下去就可以了。

72. 对付财主

农夫做了几个捡鸡蛋的动作。故意让财主看见，又看不太清楚。财主以为自己家的鸡生的蛋被别人捡走了，很心疼，所以再也不放鸡了。

73. 找出匪首

警长说："你们头目的衣服怎么穿反了！"

这些土匪听了后纷纷扭头向头目看去，警察就知道谁是土匪头子了。

74. 假照片

因为海拔 4000 米的高山上气压很低，易拉罐一打开，可乐沫会冒出很多来。而小明展示的照片中却没有冒出可乐沫。

75. 火灾逃生

小明喊："后门打开了，大家快从后门走！"

其实后门没开，他只是骗大家让出一条路给服务员去开门而已。

76. 智擒劫匪

约翰和服务员讲明了情况，让他写一个纸条，贴在给警察的咖啡杯底下。上面写着："你旁边那人是劫匪。"警察快喝完咖啡时看到了纸条上的字，就知道了他是劫匪，并抓住了他。

77. 画窃贼

因为猫眼是用凸透镜制成的，会让人的脸看起来胖一些。

78. 过圣诞

是可能的。

因为在中国和美国之间的太平洋上，有一条经线是 180 度经线，它以东和以西相差 24 个小时，所以在这里，向东行要重复一天，向西行会跳过一天。

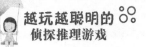

79. 诈骗

因为后面的车亮起刺眼的前灯，女子是不可能看出后面车里坐着谁的。所以他们一定是串通好的。

80. 谜团

因为这位律师是女的。

81. 寻找赃物

他把水管接在水龙头上，在农场里遍地洒水。因为埋箱子的深度比耕地的深度要深得多，所以渗水的速度也要快很多。通过观察哪里渗水速度快，就可以轻而易举地找到埋箱子的地点了。

82. 骗保险金

按富翁所说的如果真的停了一晚上的电，靠电加热的鱼缸里的热带鱼应该死掉才对。另外，他早上回来的时候不会没有注意到门是被撬开的。

83. 吹牛的人

在圣诞节前一天，肯特是无法利用太阳光在北极圈内生火的。因为每年 10 月到第二年 3 月期间，在北极圈内是没有阳光的，即处于"极夜"状态。

84. 吹牛的将军

因为在 1917 年的时候，第二次世界大战结束之前，还没有所谓的第一次世界大战、第二次世界大战的说法，所以这枚勋章上不可能写着"颁给在第一次世界大战中……"的字样。

85. 超强的视力

他把装有苏打水的杯子放在了办公桌上，然后推到一个合适的位置上，利用水杯充当放大镜，就看到了材料上的内容。

86. 怪盗偷邮票

他把邮票藏在电风扇的扇叶上了，风扇旋转起来，别人是看不出上面有邮票的。

87. 吹牛

因为他说一点风都没有，那么他挂上去的白布上的字就不可能被别人看到。

88. 截获密电

"朝"并不是人名，而是指早晨。而且，把"朝"字拆开就是"十月十日"，这就是交易日期。

89. 盗窃案

首先，第二天，有四个人喊叫。一定是四个平民的喊叫，其中不可能有小偷。可得出下面三种可能的情况。因为有四个平民被盗，又因为小偷一天偷一次等条件。

所以，第一种情况：四个小偷，四个平民，两个警察。第二种情况：四个小偷，五个平民，一个警察。第三种情况：五个小偷，四个平民，一个警察。

第一天，这几个小偷不约而同地偷了豪宅(除了十个房间以外的地方)里的东西！这也解释了为什么第二天被盗的四个人当中一定没有小偷！

分析第一种情况：因为四个平民都可以识别警察。而警察又有两个。并且，第二天，他们四个平民又互相认识了彼此的身份。所以，他们每个人都很清楚剩下的四个人一定是小偷！因此，他们每个人都会写两封一样的匿名信，分别投进两个警察的信箱里。而题目中却是五封信，并且每封信里所包含的姓都不一样！所以第一种情况是不可能的！

第二种情况：四个小偷，五个平民，一个警察。

当每个被盗的平民看到外面只有一个警察时，这时候每个被盗的平民都不能确定剩下的五个人中到底是四个小偷和一个没有被盗的平民，还是这五个人都是小偷。所以，他们无法写匿名检举信。换句话说：在五个平民中，只有那个没有被盗的平民知道外面有四个被盗平民，一个警察，从而推断出剩下的四个人一定是小偷！他只用写一封信就够了。然而，那四个小偷如果看到外面有五个平民，那么每个小偷都能推出那个没有被盗的平民一定会写一封信给警察！因此，他们就不约而同地做出了一件事！因为每个小偷都无法从除了自己、五个平民以外的四个人中推出谁是警察。所以，他们每个人都写了四封信，而这四封信的特点是：每封信都不写自己、收信人和四个被盗的平民的姓，然后就把这四封信分别投入对应的收信人的信箱！那么，总会有一封信会被警察收到！所以，警察一共会收到五封信，而这五封信中，每封信的内容都不一样。

警察看完信，想了一会儿后马上冲出去。为什么警察要冲出去呢？肯定是他已经知道谁是小偷了。为什么这么急呢？怕小偷销毁证据。

但是警察只能推出五个嫌疑人中有四个是小偷。无法判断哪个是没有被盗的平民！

当那四个小偷看到有一个没有被盗的平民后，每个小偷都会知道这个平民一定会写给警察一封匿名检举信。所以这四个小偷都会写四封匿名诬告信。但是有一点你们都没有注意到：就是当小偷在写第一封信的时候，他的潜意识里已经有了三个人的姓！其中有一个是自己的姓，另一个是收信人的姓。但是这两个人的姓都不能写在信里呀！对！还有一个人，小偷一定是第一个写这个人的姓！这个人就是：没有被盗的平民！因为只有他在每个小偷的脑海里是直观印象的，而其他的三个人的姓只能靠推理，随机推出一个写一个！所以，这个小偷在写每一封信的第一个姓的时候就不假思索地写下了没有被盗的平民的姓！其他的小偷都会这样想、这样做！因此，陈警察收到的五封信应该是：其中有四封信的第一个姓是一样的，只有一封信的第一个姓是不一样的！而这封第一个姓不一样的信的写信人就是没有被盗的平民！

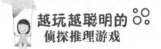

第三种情况下，五个小偷都会写信给警察。

第一天，有五个小偷不约而同地偷了豪宅(除了十个房间以外的地方)里的东西。到了第二天，有两种可能。第一种可能：五个小偷都偷了四个平民，有一个平民被盗了两次！这五个小偷都认识外面的四个平民，每个小偷都会想：如果有两个警察，那么每个警察一定会收到四封信，每封信包含的姓是一样的。而且，每个小偷都会想到警察会想到这些！在这种情况下，每个小偷都意识到包括自己在内的所有小偷都会被抓。所以，他们就没有必要再去写匿名诬告信了！如果只有一个警察，那么就应该有五个小偷。每个小偷都知道那四个平民是不会给警察写信的！因为这时候每个被盗的平民都不能确定剩下的五个人中到底是四个小偷和一个没有被盗的平民，还是这五个人都是小偷。所以，他们无法写匿名检举信。每个小偷都会想到这一点！所以，为了让自己不被警察怀疑，每个小偷都会写信给警察。

第二种可能：第二天，有四个小偷都不约而同地偷了四个平民，而这个时候有一个小偷偷的还是豪宅(除了十个房间以外的地方)里的东西！那么，偷平民的那四个小偷他们的想法和上面是一样的！而那个偷豪宅的小偷，他会不会一定写匿名诬告信呢？答案是：会的！因为他能清清楚楚地推出：一定有五个小偷(包括自己)。他也能想到其他四个小偷会写包含自己的姓的诬告信！如果自己不写信给警察，那么警察就会收到四封信，而每封信的内容里都有自己的名字，这样很容易让警察怀疑上自己！因此每个小偷都会写匿名诬告信的！

所以，最终的答案就是：

一个警察——陈

四个平民——张，王，李，徐

五个小偷——董，许，林，孔，赵

90. 骗子的漏洞

洗澡后镜子模糊，根本看不清人影。

91. 报案人的谎言

开着窗户那么长时间，房间里面是不会那么暖和的。

92. 骗保险金

因为即使是把油泼了上去，冷油也会将火熄灭的。

93. 一坛大枣

因为如果真的是大枣的话，放了三年早就腐烂了，而邻居重新装进去的大枣还是新鲜的。

94. 司机

因为上车时她说了目的地，司机果然把她送到了那里。

95. 揭穿谎言

因为在狂风大作的海上航行，是不可能写出"整齐秀丽"的字的。而他却说自己一晚上都在写作，一定是假话。

96. 识破小偷的伎俩

因为如果真的是走错房间，那么他最开始的时候就不会敲门了。有谁进自己的房间还要敲门呢？

97. 老练的警长

希伯来文与阿拉伯文一样，是从右向左书写的，而斯坦纳看希伯来文日报是从左到右一行一行地往下移，这是常识错误。

98. 鉴别逃犯的血迹

人体血液中盐的含量远远超过动物血液中盐的含量，西科尔以他敏感的舌尖品味一下两行血迹即可鉴别出来。

99. 船夫的破绽

按常理，如果贾斯没去上船，船夫应该直接喊："贾老板，你怎么还没上船啊？"

只有在船夫知道贾斯不在家的时候，他敲门才会直接喊："贾大嫂，天不早了，贾老板怎么还不上船啊？"可见应该是船夫见财起意，把贾斯杀害了。

100. 聪明的侦探

冰块应该浮在水面上，矶川侦探看到梅姑杯子里只有两块冰块浮在水面上，另外两块冰块则沉到了杯底，推测里面一定藏有钻石。

101. 关卡征税

一共有五个关卡收过商人的税。最后剩下一斤，则遇到最后一个关卡时还有 (1+1)×3=6 斤苹果；遇到第四个关卡时还有 (6+1)×3=21 斤苹果，依此类推可以知道，最开始有 606 斤苹果。

102. 重合的指针

具体重合的时刻为 0 点，1 点 5 又 5/11 分，2 点 10 又 10/11 分，3 点 16 又 4/11 分，4 点 21 又 9/11 分，5 点 27 又 3/11 分，6 点 32 又 8/11 分，7 点 38 又 2/11 分，8 点 43 又 7/11 分，9 点 49 又 1/11 分，10 点 54 又 6/11 分。

103. 加法与乘法

由题意可知，另外三件商品的价格和为 5.75 元，积为 6.75 元。而在价格中，最多只有两位小数。所以只有两种可能。

(1) 只有一个价格是小数，其他的价格都是奇数。

此时小数一定是 a.75 的形式，另外两个奇数只能在 1、3、5 中选，但无论怎么组合都达不到和为 5.75，积为 6.75 的结果，可以排除。

(2) 两个价格是小数,一个形如 a.25,一个形如 b.5,另一个为偶数。

因为和为 5.75,所以偶数只有 2 和 4。如果偶数是 4,无法得到乘积为 6.75 的结果,可以排除;如果偶数是 2,那么可以得出另外两个数为 1.5 和 2.25。

所以四件小商品的单价分别为 1 元、1.50 元、2 元、2.25 元。

104. 偷换概念

这是个偷换概念的问题,每人每天 9 元,一共 27 元,老板得到 25 元,伙计得到 2 元,27=25+2。不能把客人花的钱和伙计得到的钱加起来。

105. 火车到站时间

这列火车准点驶入北京站的时间是第二天的 2:48。

首先,时针和分针都指在分针的刻度线上,让我们仔细看看钟(手表也一样)的结构:每个小时之间有四个分针刻度,在相邻两个分针刻度线之间对时针来说要走 12 分钟,这说明这个时间必定是 n 点 12m 分,其中 n 是 0 到 11 的整数,m 是 0 到 4 的整数,即分针指向 12m 分,时针指向 5n+m 分的位置。又已知分针与时针的间隔是 13 分或者 26 分,要么 12m-(5n+m)=13 或 26,要么(5n+m)+(60-12m)=13 或 26,即要么 11m-5n=13 或 26,要么 60-11m+5n=13 或 26。这是一个看起来不可解的方程。但由于 n 和 m 只能是一定范围的整数,就能找出解来(重要的是,不要找出一组解便止步,否则此类题是做不出来的)。

张教授便是以此思路找出了所有三组解(若不细心会在只找到两组解后便宣称此题无解)。

已知:m=0、1、2、3、4;n=0、1、2、3、4、5、6、7、8、9、10、11。

只有固定的取值范围,不难找到以下三组解:(1)n=2;m=4;(2)n=4;m=3;(3)n=7;m=2。

即这样三个时间:(1)2:48;(2)4:36;(3)7:24。

面对这三个可能的答案,张教授当然得问一问乘务员了。乘务员的回答却巧妙地暗设了机关。

正面回答本来应该是 4 点前或是 4 点后。但若答案是 4 点后,乘务员的变通回答便不对了,因为这时张教授还是无法确定是 4:36 还是 7:24。而乘务员的变通回答却昭示道:若正面回答便能确定答案,这意味着这个正面回答只能是 4 点以前。即正点到站的时间是 2:48。

106. 美国硬币

答案是老三用纸币。原因如下。

1. 开始时:

老大有 3 个 10 美分硬币,1 个 25 美分硬币,账单为 50 美分。

老二有 1 个 50 美分硬币,账单为 25 美分。

老三有 1 个 5 美分硬币,1 个 25 美分硬币,账单为 10 美分。

店主有 1 个 10 美分硬币。

2. 交换过程：

第一次调换：老大拿 3 个 10 美分硬币换老三的 1 个 5 美分和 1 个 25 美分硬币，此时老大手中有 1 个 5 美分硬币和 2 个 25 美分硬币，老三手中有 3 个 10 美分硬币；

第二次调换：老大拿 2 个 25 美分硬币换老二的 1 个 50 美分硬币，此时老大有 5 美分、50 美分硬币各一枚，老二有 2 个 25 美分硬币。

3. 支付过程：

老大有 5 美分、50 美分硬币各一个，可以支付其 50 美分的账单，不用找零。

老二有 2 个 25 美分硬币，可以支付其 25 美分的账单，不用找零。

老三有 3 个 10 美分硬币，可以支付其 10 美分的账单。

店主有 2 个 10 美分硬币，以及 25 美分、50 美分硬币各一枚。

4. 老三买水果：

付账后老三剩余 2 个 10 美分硬币，要买 5 美分的水果。而店主有 2 个 10 美分硬币，以及 25 美分、50 美分硬币各一枚，无法找开 10 美分，但硬币和为 95 美分，能找开纸币 1 美元。于是得出答案，老三用 1 美元的纸币付了水果钱。

107. 手心的名字

是 B 的名字。

很明显，因为 A 回答说：是 C 的名字；C 回答说：不是我的名字。这两个判断是矛盾的。

所以 A 与 C 两人之中必定有一个人是正确的、一个人是错误的。

因为如果 A 正确的话，那么 B 也是正确的，与老师说的"只有一人猜对了"矛盾。

所以 A 必是错误的。

这样，只有 C 是正确的。不是 C 的名字。

因为老师说"只有一人猜对了"，那么说明其他三个判断都是错误的。

我们来看 B 的判断，B 回答说：不是我的名字。而 B 的判断又是错的，那么他的相反判断就是正确的，即是 B 的名字。

所以老师手上写的是 B 的名字。

108. 四名旅客

首先看(1)和(5)，德国人是医生，而 D 没有学过医，所以可以排除 D 是德国人。

根据条件(3)：C 比德国人大，可以确定 C 也不是德国人，那么德国人不是 A 就是 B。

而题目中表明，B 是法官，德国人是医生，那么德国人就只能是 A 了。

同时，根据第二个条件，也可以排除 C 是美国人，因为美国人年纪最小，怎么可能比别人大？

B 是法官，而美国人是警察，也可以排除美国人是 B 的可能性。

这样，美国人就只能在 A 和 D 中选择。

A 已经确定为德国人，那么 D 就是美国人了。

B 是英国人的朋友，那么也可以排除 B 是英国人。

A 是德国人，D 是美国人，而且又肯定 B 不是英国人，那么，C 就只能是英国人了。

所以，我们可以推理出来：C 是英国人。

109. 教学楼楼层

甲在一层上数学课，乙在三层上英语课，丙在二层上物理课，丁在四层上语文课。

110. 谁买了果酒

学文秘的甲买了果酒。列一个简单的表格即可求出。

111. 三家房客

三家房客的名、姓和所住的层次如下：

罗杰·沃伦和诺玛·沃伦夫妇住在顶层。

珀西·刘易斯和多丽丝·刘易斯夫妇住在二层。

吉姆·莫顿和凯瑟琳·莫顿夫妇住在底层。

112. 巧分果汁

用 4 升瓶里的果汁把 2.5 升瓶倒满；用 2.5 升瓶里的果汁把 1.5 升瓶倒满；把 1.5 升瓶里的果汁倒回 4 升瓶中；并把 2.5 升瓶中的 1 升倒回 1.5 升瓶中；用 4 升瓶中的 3 升把 2.5 升瓶倒满；然后用 2.5 升瓶中的果汁把 1.5 升瓶倒满；把 1.5 升瓶中的果汁倒回 4 升瓶中。这时，4 升瓶和 2.5 升瓶中的果汁都是 2 升的，正好平均分配。

113. 硬币数目

每一个孩子所带的硬币中没有相同的，如果有一个孩子没带 1 元，同时他拿了硬币，那他只能有一枚 5 角的硬币，那另外两个孩子必然会只有一个孩子有 5 角，剩下那个没有 5 角的孩子也没有 1 元硬币，只能有一枚 1 角的。这样，剩下的那个孩子要有两枚 1 元的。与条件不符。所以，那个没带 1 元硬币的孩子也不能有其他的硬币。所以三个孩子所带的硬币为：其中两个孩子带了 1 角、5 角、1 元的硬币各一枚，另外一个孩子没有硬币。

114. 扑克牌的顺序

按照上面的洗牌规则，假设原来排在第 x 张的牌经过一次洗牌后会排在第 y 张，由题意可知：

当 $1 \leqslant x \leqslant 26$ 时，$y = 2x - 1$；

当 $52 \geqslant x \geqslant 27$ 时，$y = 2x - 52$。

跟踪每一张牌在各次洗牌后的位置，我们可以发现每次洗牌后都会出现以下几个不变的规律：

　　(1) 原来编号为 1 号和 52 号的两张牌的位置是一直不变的，1 号在最下面，52 号在最上面。

　　(2) 原来的第 18 号、第 35 号两张牌的位置是不停互换的，即洗 1 次会让 35 在前面，洗 2 次则 18 在前面，也就是说，如果洗的次数是偶数次，那么编号为 18 的牌仍然在第 18 位，编号为 35 的牌仍然在第 35 位。

　　(3) 其余的 48 张牌以 8 张为一组，各自在组内以 8 次洗牌为一个循环。

　　所以，这副牌在洗 8 次牌后就会回到初始状态。

　　大家可以拿出一副扑克牌自己试一下，如果你没有那么好的洗牌技术，则可以从两叠牌中一张一张地按顺序取牌，也可以达到洗牌的效果。

115. 查账

　　那个数是 170。如果是小数点的错，账上多出钱数是实收的 9 倍，即实收金额为账上金额的 10 倍，所以 153÷9=17，那么错账应该是 17 的 10 倍。找到 170 元改成 17 元就行了。

116. 热气球过载

　　谁最胖就把谁扔出去。

117. 相互提问

　　小孩提问："有三个眼睛，六个鼻子，还有九条腿的，这是什么东西？"

　　大人想了半天，无奈地掏出 100 元给了小孩。小孩飞快地把钱收进了自己的腰包。大人想了想，不太服气，又问小孩："那你来说，你刚刚问题中的那个东西是什么？"小孩狡黠地一笑："其实我也不知道。"说完，掏出 1 元钱给了大人，然后迅速地走了……

118. 习惯标准

　　儿子回答说："因为她没有骂人。"

　　我们习惯以不同的标准来看人看己，以至于往往是责人以严，待己以宽。

119. 天机不可泄露

　　竖起一根指头，可以作出多种解释：如果三人都考中，那就是"一律考中"；要是都没有考中，那就是"一律落榜"；要是考中一人，那就是"一个考中"；要是考中两人，那就是"一人落榜"。不管事实上是哪种情况，都能证明他算的是对的。

120. 阿凡提的故事

　　阿凡提拿出钱袋，在巴依面前晃了晃，说："巴依，你听见口袋里响亮的声音了吗？"

"什么？哦，听到了！听到了！"巴依说。

"好，他闻了你饭菜的香气，你听到了我的钱的声音，咱们的账算清了。"

阿凡提说完，拉着穷人的手，大摇大摆地走了。

121. 反驳

乙说：恰恰相反，这个例子只能证明爸爸比儿子聪明，因为创立相对论的是爱因斯坦，而不是爱因斯坦的儿子。

122. 丈夫的特异功能

他是利用毛玻璃的特性。我们知道毛玻璃一面光滑，一面不光滑。一般的玻璃门都是光滑的一面冲外，不光滑的一面冲内。但只要在不光滑的一面加点水，使玻璃上面的细微凹凸变成水平，毛玻璃就变得透明了，可以清楚地看到房中发生的一切。

123. 判决

法官判住宅的居住权归孩子所有，离异的父母定期轮流返回孩子身边居住，履行天职，直到孩子长大成人。

124. 什么关系

王局长是女的。

125. 上当的国王

罪犯说："我得慢慢地品味着读，每天只读几个字。"因为国王许可他读完《圣经》再被处死，并没有规定什么时候读完。

126. 惯偷

因为他把箱子还给旅客的时候，并没有着急去找自己的箱子。这说明他本来就没有箱子，而这个箱子是他偷来的。

127. 聚餐

需要 15 分钟。把原料一起下锅炸，在各人喜欢的时间捞出即可。

128. 回敬

他说："你小时候一定很聪明吧！"

129. 聪明的杨修

把"合"字拆开，就是"一人一口酥"，所以意思就是让大家分着吃掉。

130. 审问大树

因为县官问"他们到了没有"的时候，邻居回答"还到不了"，说明他知道那棵大树的地点。所以说年轻人说的是真实的，而邻居在撒谎。

131. 禁止吸烟

小王漫不经心地回答说："当然，我现在没有在工作啊。"

132. 立等可取

修表师傅不耐烦地说："你站着等到下午取，也是'立等可取'嘛！"

在日常用语中，"立等可取"表示时间快或时间短，它表达了这样一个众所周知的判断："你稍等一会儿即可取走。"而这位修表师傅却故意把它歪曲为"你只要一直站着等下去，就可以取走。"经过这样的歪曲，不仅等到下午，而且等到任何时间，只要能拿到手表，都是"立等可取"。

133. 广告

他在"醋"字后面加了个逗号，于是广告就变成："酿酒缸缸好做醋，坛坛酸。"经这样一改，意思同原广告大不一样，这样的酒谁还会去买呢？

134. 牌子上的规定

因为上面没有加标点，他将其断句为："行路人，等不得，在此大小便。"

经这样标点之后，意思就完全变了。根据这个判句，凡行路的人，只要憋不住了，就可以在此大小便。

135. 日近长安远

儿子答："为什么说太阳离我近呢？因为我抬头能望见太阳，却望不见长安呢！"

群臣听了，都趋炎附势地夸他说得有道理。

136. 子非鱼，安知鱼之乐

庄子反问道："子非我，安知我不知鱼之乐？"

惠施和庄子关于是否知道游鱼快乐的问答都带有诡辩的性质。首先，作为正确的提问，惠施应对庄子说："你怎么知道鱼快乐呢？"而惠施却又加上了一个前提："你不是鱼，怎么能知道鱼的快乐呢？"这就构成了一个省略推理，省略的大前提是："凡鱼以外的事物，都不能知道鱼的快乐。"

其次，作为正确的回答，庄子应当说明自己为什么知道鱼快乐的理由。庄子避开了正面回答，而是抓住了惠施的"子非鱼，安知鱼之乐"这句话反问道："你不是我，怎么知道我不知道鱼的快乐呢？"这个反问也构成了一个省略推理，省略的大前提是："凡不是我的人，都不能知道我知道鱼的快乐。"

137. 失窃的药品

是那个新来的实习生。因为首先樵夫应该不认识那个药的化学式，所以分不清哪个才是；而地质学教授可能会知道，但是他摔断了腿，不可能被保安追的时候逃掉。所以只有那个新来的实习生满足条件。

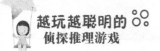

138. 进化论

对于这种浅薄无聊的恶语中伤，赫胥黎立即站起来答辩。

他庄严地宣称：达尔文的学说是对自然史现象的一个解释，他的书里充满了证明这个学说的大量事实，没有别的学说提供更好的对物种起源的解释。最后，为了科学的尊严，他对威尔勃福斯的人身攻击进行了必要的回击："我断言，我重复断言，要说我起源于弯着腰走路和智力不发达的动物，我并不觉得羞耻；相反，要说我起源于那些自负很有才华、社会地位很高，却胡乱干涉自己所茫然无知的事物，任意抹杀真理的人，那才真正可耻！"

赫胥黎的讲话有力地驳斥了主教的胡说八道，博得了听众的热烈掌声，而自负很有"辩才"的威尔勃福斯却哑口无言。

139. 聪明的男孩

小男孩回答得很妙："因为我的手比较小呀！而老板的手比较大，所以他拿的一定比我拿的多很多！"

这是一个聪明的孩子，他知道自己的力量有限，而更重要的，他也知道别人比自己强。凡事不只靠自己的力量，学会适时地依靠他人，是一种谦卑，更是一种聪明。

140. 两根金属棒

拿其中的一根靠近另一根的中间，如果有吸力，那这根就是磁铁。

141. 破译密电

取电文每个字的上半部分连成一句话："五人八日去九龙取金。"

142. 水果密码

进攻。

只要将三句密码一一对应比较，看哪些词是重复的即可知道。

143. 圣经

因为圣经的第 1 页和第 2 页在同一张纸上，同理第 49、50 页也是同一张纸。不可能夹着钞票。

144. 装睡

不是的，哥哥没有特异功能。哥哥每次见到弟弟在睡着的时候都会说："你在装睡！"弟弟如果真的装睡的话，就会听见；而当弟弟真的睡着的时候，他不会知道哥哥在说话。所以他知道的每一次都是对的，并不是哥哥有特异功能。

145. 青铜镜

"申"(猴)无头为"甲"，"牛"无头为"午"，青铜镜为甲午年制造的。

146. 破解短信

把短信里的每两个字拼成一个字，就可以组成下面的一句话："静佳楼玖號(9号)取物。"玖为数字9的中文大写，號是"号"的繁体。

147. 骑不到的地方

可能。爸爸的脖子。

148. 雷击事件

这种说法是错误的，雷击到任何地方的概率都是相同的，新的雷击的概率并不受先前雷击的影响。

149. 最聪明的人

只要说"我是三兄弟里面最聪明的"就行。

150. 闭门失窃

车上没有一定是被转移到了车外。而火车唯一与外界联通的通道就是厕所的排污口。基德偷完彩蛋，从厕所的排污口扔出车外，让同伙在附近等着捡起来，这样就达到了转移赃物的目的。

151. 聪明的阿凡提

阿凡提说："那要看桶的大小了，如果桶是和水池一样大的，那么就有一桶水；如果桶只有水池一半大，那么就有两桶水；如果桶只有水池的三分之一大，那就有三桶水……"

152. 粗心的神父

他拿走了左、右两边的两颗，然后把最下面的那颗重新镶到最上面。

就如下图所示：

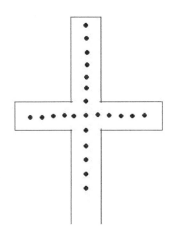

神父数的时候还仍然是 13 颗。

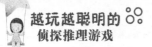

153. 讹人的下场

那这十两银子不是你的，等有人拾到十五两银子送来的时候我再通知你。

154. 丢失的螺丝

从其他 3 个轮胎上各取下 1 个螺丝，用 3 个螺丝固定备用轮胎，可以勉强开到修车厂。

155. 保管盒子

老板说："盒子还在我这，要三人同时在场，我才可以交回盒子。你们去把那个人找回来吧。"

156. 电话的暗语

陈婧在打电话时做了点手脚。在通话时，她一讲到无关紧要的话，就用手指按紧话筒，不让对方听到，而讲到关键的话时，就松开手。

这样，家人就收到了这么一段"间歇式"的报警电话："我是陈婧……现在……香格里拉大酒店……和坏人……在一起……请您……快……赶来……"

157. 顺利通行

他在看守人刚进小屋的时候开始过桥，大约 5 分钟的时候，他走到了桥中心，然后他转个身往回走。这时，正好看守人会出来巡视，发现他以后，会叫他回去，也就是返回到他想去的那个村子，这样他就可以顺利地过去了。

158. 如何分辨

把药片全部碎成粉末，搅匀后平均分成 10 份，一天吃一份。

159. 聪明的商人

推理一下：如果强盗把商人杀了，他的话无疑是对的，应该放人；如果放人，商人的话就是错的，应该杀掉，又回到前面的推理，这是一个悖论。聪明的商人找到的答案使强盗的前提互不相容。

160. 所罗门断案

如果你足够聪明的话，你就会嘲笑所罗门的愚蠢，因为所罗门的这个方法根本不能帮助他识别出谁是真正的母亲！当所罗门提出要将孩子一分为二时，真母亲当然不会同意，而宁愿将孩子让给对方。假母亲如果足够聪明，就能够猜测到这是所罗门国王的"苦肉计"，她完全可以也假装痛苦地表示宁愿将孩子"让"给对方。这样情况就变成了两个母亲都愿意将孩子判给对方，问题又回到了原点。不管所罗门国王杀婴的恐吓是否可信，他现在都无法判断谁是孩子的真正母亲。

161. 通过桥梁

参谋长的办法是这样的：用比桥还要长的钢索，系在炮车与大炮之间，这样二者的重量就不会同时压在桥上了，也就自然可以顺利地用炮车将大炮拖过桥去了。

162. 父母和孩子

父母可以这样回答："当年我们是说等你长大懂事后自然会明白我们是为你好，虽然你现在长大了，可是你思考问题还是像个小孩一样不成熟。你没看出我们的决定有什么好的地方，这正说明了你还没有懂事！"

163. 巧取约会

第一个问题是：如果下一个问题是你是否愿意和我一起吃饭，你的答案是否和这个问题一样？第二个问题是：你是否愿意和我一起吃饭？

如果女孩子的第一个问题的答案是"是"，那第二个问题就必须答"是"，就能约到她吃饭。如果女孩子的第一个问题的答案是"不是"，那她第二个问题也必须要答"是"。所以总能约到她吃饭的。

当然答案并不唯一，发挥你的聪明才智再想想吧。

164. 饭店的门牌

敲挂有"男女"牌号的房间。因为确定每个牌子都是错的，所以挂有"男女"牌子的房间一定是只有男，或者只有女。听声音很容易就能判断出来了。确定了这个，其他两个也就判断出来了。

165. 三名囚犯

把三个人标记成 A、B、C。

当 A 看到另外两个人戴的都是黑帽子的时候，A 会想到如果自己戴的是白帽子，而另一个犯人 B 就会看到一个白的帽子和一个黑的帽子，而犯人 B 就会想：如果自己戴的是白帽子，那么 C 就会看到两个戴白帽子的，那么他就会出去，但是 C 没有出去，也就是说他没有看到两个白帽子，那么自己头上戴的一定是黑帽子，这样一来 B 就会被放出来，但是 B 并没有出去。

同理对于 C 也是这样，A 会想到如果自己戴的是白帽子，而另一个犯人 C 就会看到一个白的帽子和一个黑的帽子，而犯人 C 就想：如果自己戴的是白帽子，那么 B 就会看到两个戴白帽子的，那么他就会出去，但是 B 并没有出去，也就是说他没有看到两个白帽子，那么自己头上戴的一定是黑帽子，这样一来 C 就会被释放出来，但是 C 没有出去。

所以 A 可以断定自己戴的是黑帽子。

166. 两个空心球

把两个球都加热到相同的温度，然后同时放入到同等质量的水里，测水的温度升高情况，温度升得高的就是比热容大的，铅的比热容大于金，所以水温度高的就是铅球。

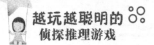
167. 消失的邮票

王老先生把普通的大邮票周围涂上胶水，中间盖住自己那枚珍贵的邮票，粘在了明信片上，歹徒当然找不到了。

168. 转移财产

那枚邮票值上千万元，是老人的所有财产。

169. 消失的赎金

犯人是那个出租车司机。他只是花钱让那个拾荒者把垃圾桶旁的箱子带到超市而已，在车上把钱拿了出来。

170. 撒谎的贼首

因为 21 个人，每个人分得的金币都是奇数，奇数个奇数相加，总和不可能为 200。

171. 走私物品

他走私的是宝马车。

172. 取货地点

毒品就藏在下午 4 点钟时太阳照射松树顶端留下的影子处。

173. 遗产

是那两枚陈旧的邮票，它们非常稀有，价值连城。

174. 车祸现场

因为那是两辆车，碰巧两辆车外侧的车灯都坏掉了，年轻人以为是一辆在路中间行驶的汽车，所以在路边也被撞了。

175. 偷运黄金

基德将原来的车身拆除，用黄金打造了新的车身并涂上涂料，警察当然没有注意到车身是用黄金制成的。

176. 里程表之谜

他是一直倒着开的，这样里程表就不会动。

177. 探险家的位置

这也是一道很流行的题，而且很多人也知道答案。但实际上他们的答案并不完全。

流行的答案是这杆旗插在了北极点上。因为在北极点上，所有方向都是南。所以，如果旗是在北极点上，探险家在它南边 100 米往东走了 100 米，旗还是在他的正北方向。

但其实这并不是唯一的解，这道题的解是无穷多的。例如，在很靠近南极点的某个地方，穿过这个地方的纬线周长恰好是 100 米，探险家把旗帜插在这条纬线北边的 100 米处。这样探险家从旗帜出发往南走 100 米到达这根纬线，沿着纬线往东走 100 米，就正好是绕着南极点转了一圈回到起点。同理，纬线的周长也可以是 50 米或者 25 米等，这样探险家就是绕着南极点转了两圈、三圈等。

178. 曝光的底片

是在医院照的 X 光将助手口袋里的底片曝光了。

179. 赎金哪里去了

绑匪就是那个司机。他先准备了一个和装钱的手提包一样的包，然后在警察的监视下，埋下空的手提包，而装有赎金的手提包还在他的车上。

180. 指纹哪里去了

诈骗犯手指指纹部分涂上了透明的指甲油，所以没有留下指纹。

181. 神秘的绑架案

绑匪是他家附近邮局的邮递员。

182. 自杀的破绽

因为如果是自杀的话，开枪打死自己以后，不可能把拿着枪的手放回被子里。

183. 消失的字迹

张三先在自己的名片上用淀粉液或者米汤抹了一遍，干了以后是发现不了的。然后将钢笔中装满碘酒，这样碘酒遇到淀粉会显出蓝色的字迹。但是随着时间的推移，这些字迹就会消失。

184. 消失的扑克牌

原来，第二次出现的牌，虽然看上去和第一次的很相似——都是从 J 到 K，但花色却都不一样。也就是说，第一次出现的六张牌，第二次都不会再出现。不论你选哪一张牌，结果都是一样的。

但是我们为什么会上当呢？因为我们死死地注意其中的一张牌，你的注意力只集中在这一张上面，当然就只看到"它""没有了"。什么"默想"，什么"看着我的眼睛"，都是烟雾和花招。真相就是这么简单。

185. 洗牌的手法

是真的。

其实方法很简单。

首先，魔术师将分给五名观众的五组牌分别标记为 A、B、C、D、E 五组。每组牌分别标记为 A1、A2、A3、A4、A5；B1、B2、B3、B4、B5……依次类推。

然后运用洗牌技巧使得重新洗完牌后，原来每组牌的第一张按顺序成为第一组，原来每组牌的第二张按顺序成为第二组，……依次类推。

也就是说：洗完牌之后，原来的 A1、B1、C1、D1、E1 组成了新的第一组；

原来的 A2、B2、C2、D2、E2 组成了新的第二组；……依次类推。

这样，当某个观众点头的时候，这位观众刚才选的第几组，现在这组牌里的第几张就是他刚才记下的牌。

例如，假设一名观众分得的是第一组牌，他记下的是第三张，也就是 A3。那么，在洗完牌之后，他应该在魔术师展示第三组牌的时候点头。这时，魔术师就知道，这组的第一张就是第一位观众记下的牌了。

186. 藏木于林

清晨的时候，在露天花圃中的玫瑰花会带有露水，而从饭店带出来的玫瑰花就不会有露水。只要观察一下，看哪盆玫瑰花上没有露水就知道了。

187. 轮胎的痕迹

是别人偷偷卸下了他的车上的轮胎，装在自己的车上做的案，然后又将轮胎还了回来。

188. 亚历山大灯塔

可以选择一个晴朗的天气，到亚历山大灯塔的下面，太阳光给测量的人和灯塔都投下了长长的影子。只要测出自己的影子的长度和自己身高相等时，马上就测出灯塔的影子的长度。根据塔的底边长度和塔的阴影长度，很快就能算出灯塔的高度。

189. 蒙住双眼的学生

中央的被蒙住双眼的学生戴的是白色的帽子。

因为坐在周围的六个人中的每个人都看到了五顶帽子，只有被中间人挡住的同学和自己两顶帽子看不到。这时，他们猜不出来自己帽子的颜色的原因只能是他们都看到了三顶白帽和两顶黑帽，自己和对面的人分别戴一项白帽子和一项黑帽子，所以才猜不出来自己戴的到底是黑帽子还是白帽子。

也就是说，被中间的人挡住的那个人戴的帽子和自己的帽子的颜色正好相反，这样坐在周围的人就没有人能猜出自己头上帽子的颜色了。

又因为每个人都是逻辑思维能力很强的人，他们都很长时间猜不出自己帽子的颜色，说明他们所在的位置都推理不出来，所以上面的情况是唯一的情况。

旁边的每个同学都看到三顶白帽和两顶黑帽，说明中间蒙着双眼的同学戴的肯定是白帽，旁边的同学则是相对位置的两个人分别带着一黑一白两顶帽子。

这样，坐在中间的同学，也就是那个看似知道条件最少又始终被蒙着双眼的同学才会知道自己头上帽子的颜色，也就是白色的帽子。

190. 打破预言

女儿只需在纸条上写："我爸爸会在卡片上写下'不会'两字。"即可获胜。

因为如果预言家在卡片上写的是"会"，他预言错了，在卡片上写"不会"两字这件事并没有发生。但如果他在卡片上写的是"不会"呢？也是预言错了！因为写"不会"就表示他预言卡片上的事不会发生，但它恰恰发生了：他写的就是"不会"两字。

191. 仆人的难题

她只需把地毯卷起来，直到能够到皮球为止即可。

192. 有贼闯入

因为他的闹钟是夜光的。也就是说，这个闹钟在受到光照后在一段时间内会发光。小五郎进屋后，在没有开灯的情况下发现闹钟发光了，说明屋子里的灯是有人刚关掉的。这就说明有人听到他开门的声音关掉了灯，藏了起来。

193. 真假分不清

A 说 B 叫真真，这样，无论 A 说的是真话还是假话都说明 A 不会是真真。因为他要是说的是真话，那么 B 是真真；如果他说的是假话，那么说假话的不会是真真。

而 B 说自己不是真真，如果是真话，那么 B 不是真真，如果是假话，那么说假话的 B 当然也不是真真。

由此可见叫真真的只能是 C 了。

而 C 说 B 是真假，那么 B 一定就是真假了，所以 A 就只能是假假了。

194. 警探的询问

分别假定陈述(1)、陈述(2)和陈述(3)为谎言，则达纳的死亡原因如下。

陈述(1)如果为谎言，则为谋杀，但不是比尔干的。

陈述(2)如果为谎言，则为比尔谋杀。

陈述(3)如果为谎言，则为意外事故。

以上显示，没有两个陈述能同时为谎言。因此，要么没有人说谎，要么只有一人说了谎。

根据(4)，不能只是一个人说谎。因此，没有人说谎。

由于没有人说谎，所以既不是谋杀也不是意外事故。因此，达纳死于自杀。

注：虽然(4)是真话，但(1)和(2)也都是真话，达纳居然是死于自杀，这似乎有点奇怪。存在这种情况的理由是：当一个陈述中的假设不成立的时候，不论其结论是正确还是错误，这个陈述作为一个整体还是正确的。

195. 三个问题

这个问题有点复杂。

首先，向 A 问第一个问题。

如果我问你以下两个问题："Da 表示'对'吗"和"如果我问你以下两个问题：'你说真话吗'和'B 随机答话吗'，你的回答是一样的，对吗"，你的回答是一样的，对吗？

越玩越聪明的
侦探推理游戏

如果 A 说真话或说假话并且回答是 Da，那么 B 是随机答话的，从而 C 是说真话或说假话。

如果 A 是说真话或说假话并且回答是 Ja，那么 B 不是随机答话的，从而 B 是说真话或说假话。

如果 A 是随机答话的，那么 B 和 C 都不是随机答话的！

所以无论 A 是谁，如果他的答案是 Da，C 说真话或说假话；如果他的答案是 Ja，B 说真话或说假话。

不妨设 B 是说真话或说假话。

向 B 问第二个问题。

如果我问你以下两个问题："Da 表示'对'吗"和"罗马在意大利吗"，你的回答是一样的，对吗？

如果 B 是说真话的，他会回答 Da；如果 B 是说假话的，他会回答 Ja。从而我们可以确认 B 是说真话的还是说假话的。

向 B 问第三个问题。

如果我问你以下两个问题："Da 表示'对'吗"和"A 是随机回答吗"，你的回答是一样的，对吗？

假设 B 是说真话的，如果他的回答是 Da，那么 A 是随机回答的，从而 C 是说假话的；如果他的回答是 Ja，那么 C 是随机回答的，从而 A 是说假话的。

假设 B 是说假话的，如果他的回答是 Da，那么 A 是不是随机回答的，从而 C 是随机回答，A 是说真话的；如果他的回答是 Ja，那么 A 是随机回答的，从而 C 是说真话的。

196. 仓库遭窃案

问题一选 A，问题二选 B。

197. 五个儿子

老大、老四和老五有钱，说假话；

老二和老三没钱，说真话。

推理过程：

从老五的话入手，老大承认过他有钱，这句话一定是假话。

因为如果老大有钱，他不会说自己有钱；

如果老大没钱，他也不会承认自己有钱。

所以老五说的是假话，老五有钱，老三没钱。

说实话的老三说："老四说过，我们兄弟五个都没钱。"

说明老四有钱。

老四说："老大和老二都有钱。"

说明老大和老二中至少有一个没钱的。

老大说："老三说过，我的四个兄弟中，只有一个有钱。"

现在已经确定老三说实话，而且老四、老五都有钱了，所以老大说的是假话，老大有钱，而老二没钱。

198. 走出迷宫

走第三个路口。

如果第一个路口写的是真话，那么，它就是出口，那么第二个路口上的话也是正确的，这和只有一句话是真话相矛盾。

如果第一个路口写的是假话，第二个路口上的话是真的，那么它们都不是通往出口的路，所以真正的路就是第三个路口。

199. 聪明的仆人

仆人问其中任意一个丫鬟："请问，如果我问她(指着另一个丫鬟)哪个纸条写着"重罚"，她会怎么说？"丫鬟回答后，仆人只需选丫鬟指的那个即可。

200. 四个人的口供

分别假设作案者是其中一人，作出推论，看是否符合要求即可。

如果作案者是甲，那么乙、丙、丁说的都对。

如果作案者是乙，那么甲、丙、丁说的都对。

如果作案者是丙，那么只有丁说的对，符合要求。

如果作案者是丁，那么丙、丁说的都对。

所以作案者是丙，丁说的是真话。

201. 真假难辨

李四说的是真的。

证明：如果张三说的是真的，那么李四说的是假的，那么王五说的是真的，那么张三说的是假的，矛盾。

如果李四说的是真的，那么王五说的是假的，那么张三李四中至少有一个说的是真的，若张三说的是真的，那么李四说的就是假的，矛盾；若张三说的是假的，那么李四说的是真的，成立。

如果王五说的是真的，那么张三李四说的都是假的，由于张三说的是假的，可知李四说的是真的，矛盾。

所以李四说的是真的。

202. 从实招来

不管 A 是不是盗窃犯，他都会说自己"不是盗窃犯"。

如果 A 是盗窃犯，那么 A 是说假话的，这样他必然说自己"不是盗窃犯"。

如果 A 不是盗窃犯，那么 A 是说真话的，这样他也必然说自己"不是盗窃犯"。

在这种情况下，B 如实地转述了 A 的话，所以 B 是说真话的，因而他不是盗

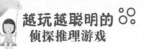
窃犯。C 有意地错述了 A 的话，所以 C 是说假话的，因而 C 是盗窃犯。至于 A 是不是盗窃犯，是不能确定的。

203. 聪明的俘虏

聪明的俘虏回答：我来这里是为了被绞死。听了俘虏的回答，执法官顿时傻了眼，不知道该如何是好。因为如果真的绞死这个俘虏，那么这个俘虏说的是真话，而说了真话是要被烧死的。如果把这人烧死，那他答的就是假话，而说假话的是要被绞死的。执法官不好处理，只好上报国王进行裁决。国王冥思苦想了半天也没想出个办法，最后只好把这个俘虏放了。聪明的俘虏利用真话假话与绞死烧死之间的关系，救了自己一命。

204. 今天星期几

设这两个人分别为 A、B，分为以下四种情况讨论。

(1) A、B 说的都是真话。A、B 在同一天说真话只能在星期日，但是星期日 B 成立，A 不成立，所以这种情况不可能。

(2) A、B 说的都是谎话。但是在一周内 A、B 不可能同一天说谎话。所以这种情况不可能。

(3) A 说的是真话，B 说的是谎话。A 在每周的二、四、六、日说真话，B 在每周的二、四、六说谎话。A 只有在周日说真话时，前天(周五)才是他说谎话的日子，但是这天 B 应该说真话。所以这种情况不可能。

(4) A 说的是谎话，B 说的是真话。A 在每周的一、三、五说谎话，B 在每周的一、三、五、日说真话。在周三、五、日都不符合，因为在周三时 B 在说真话，而周三的前天(周一)在说真话，但是 B 对外地人用真话说自己周一说谎话，相互矛盾。同理，周五也矛盾。所以只有周一符合。周一时，B 用真话对外地人说自己前天(周六)说谎话，周六时 B 的确说的谎话。A 用谎话对外地人说自己前天(周六)说谎话，其实周六时 A 在说真话，这时正是 A 在用谎话骗外地人说自己前天说谎话。

综上所述，这一天只能是周一。

205. 分辨吸血鬼

第一个问题：你神志清醒吗？回答"是"就是人，回答"不是"就是吸血鬼；或者问：你神经错乱吗？回答"不是"就是人，回答"是"就是吸血鬼。

第二个问题：你是吸血鬼吗？回答"是"就是神经错乱的，回答"不是"就是神志清醒的。

或者问：你是人吗？回答"是"就是神志清醒的，回答"不是"就是神经错乱的。

206. 该释放谁

释放 D，其余全说了谎。

207. 谁是小偷

我们可以先看后面两句话，一个说大麻子说的是真的，一个说大麻子说的是假的，也就是说他们两个之中必定一人说了真话、一人说了假话。如果大麻子说的是假话，也就是说小矮子是小偷，那么小矮子说的话应该是真话，这和大麻子的话矛盾。所以只能是大麻子说的是真话，那么小矮子偷钱包，小偷是大麻子。

208. 说假话的小偷

假设一：假设丙是小偷，即丙句句是假，则丙必定不是学生，因为乙说丙是学生，那么乙也说了假话，则甲句句为真。

当甲句句为真时：

甲说乙为司机，丙也说乙为司机，丙也说了真话，矛盾。

所以，丙不是小偷。

假设二：假设乙为小偷，即乙句句是假，因乙说丙是学生，那么丙一定不是学生；而丙自述自己是学生，那么丙说了假话，则甲句句为真。

当甲句句为真时：

甲自述是教师，乙说"他肯定说他是教师"乙说了真话，矛盾。

所以，乙不是小偷。

假设三：假设甲为小偷，即甲句句是假。

当丙是好人时，即丙句句是真时，乙便是司机，甲说乙是司机，甲说了真话，矛盾。

当乙是好人时，即乙句句是真时，则丙半真半假。

甲句句是假，甲自述是教师，故甲不是教师。

乙句句是真，乙说："……他肯定说他是教师。"甲的确说谎了，乙没说错，乙说了真话，而且句句是真。

结论是：甲是小偷，乙是好人，丙是从犯。

209. 中毒身亡

如果说谎的是 B 的妻子，则右手边起顺序须为：A—C—D—B—A。

如果说谎的是 C 的妻子，则右手边起顺序须为：A—C—B—D—A。

如果 D 的妻子说谎，则 D 坐在 A 的对面，那么 B 的妻子也说谎了，不符合。D 的妻子没说谎，那么 D 要么坐在 A 的左边，要么右边，不可能坐在 A 的对面，那么可以证明 B 的妻子不可能说谎。所以是 C 的妻子说谎了。凶手就是 C。

210. 几个骗子

酋长是骗子，整个部落共有 36 人。

整个部落的人都围在餐桌旁吃饭，并且都说左边的人是骗子。也就是说骗子说自己左边的人是骗子，骗子的左边必为老实人；老实人说自己的左边是骗子，那老实人的左边就是骗子。所以一定是老实人和骗子交叉着坐的，那么部落里的人数就应该是偶数。那么酋长老婆的话就应该是对的，部落里共有 36 人，酋长是个骗子。

211. 谁打碎了花瓶

小二和小四打碎的花瓶。

根据小四的话：反正不是我。所以肯定是小四打碎的花瓶。

根据小六的话：是我打碎的花瓶，小二是无辜的。所以是小二打碎了花瓶。

212. 八名保镖

这八个人的谈话可以分成三组。

第一组是 A、H 和 E、F。A、H 的说法一致，E、F 的说法和 A、H 矛盾。因此要么 A、H 猜对，要么 E、F 猜对。

第二组是 B、D。这两人的说法矛盾。因此要么 B 猜对，要么 D 猜对，这组必有一人猜对。

第三组是 C、G。G 的说法包含了 C。如果 C 击中，则两人都猜错；如果 G 击中，则两人都猜对；如果别人击中，则一对一错。

有三人猜对，就说明第三组都猜错，也就是 C 击中。

213. 开箱子

打开第二个箱子。

第一个箱子上的话是假的，如果它是真的，那么，第二个箱子的话也是真的，这是矛盾的。

第一个箱子上的假话有三种可能：第一个箱子上的话前半部分是假的；后半部分是假的；都是假的。如果前半部分是假的，并且，第二个箱子上的话是假的，这时，根据第二个箱子的判断，珠宝在第二个箱子里，矛盾；如果后半部分是假的，并且第二个箱子上的话是真的，可以判断珠宝在第一个箱子里，也矛盾。所以，第一个箱子上的话都是假的，这时，珠宝在第二个箱子里，并且第二个箱子里的话是假的。

214. 我被骗了吗

如果我没有被骗，那么我一整天都因为哥哥早上的话而在空等，也就是被哥哥骗了；如果我被骗了，那我明明就等到了我所等的事，又怎么能说我被骗了呢？这样我那天到底是被骗了还是没有被骗呢？

你有更好的解释吗？我到底有没有被骗？

215. 开花的郁金香

因为郁金香这种花很特别，一到夜里花就会合上，灯光照射十五六分钟后会自然张开。小五郎进屋时花瓣是闭着的，说明屋子里一直是黑暗状态。也就是说怪盗是才回来不久的，根本不是他所说的一直在家待着看书。

216. 我撒谎了吗

虽然从逻辑上讲，我当时说的是真话，因为如果说我的回答是假话的话就会引起矛盾。但在当时，我确实觉得自己的回答是在撒谎。

从我的那次面试经历可以引申出一个问题：一个人可能不知道自己在撒谎吗？我说是不可能的。我认为，所谓"撒谎"，并不是指一个人说的话不符合事实，而是指说话的人相信自己说的话是假的。即使你说的话符合事实，但只要你自己相信那话是假的，我也会说你是在撒谎。

心理学里有这样一个例子可以很好地说明撒谎的含义。一个精神病院的医生们有心要放一个精神分裂症患者出院，决定替他作一次测谎器检查。医生问精神病人："你是超人吗？"病人回答："不是。"结果测谎仪"嘟嘟嘟"响了起来，表示病人在撒谎。

217. 四名证人

因为王太太说了真话，由此可以推断赵师傅作了伪证，再进一步推断张先生和李先生说的都是假话，从而可以判断 A 和 B 都是凶手。

218. 谁偷了金表

是丁。

具体推理如下：

(1) 如果甲说的是真话，小偷是乙，则乙说的是假话，那丙、丁说的又成了真话。有三句真话，不符合题意。小偷不是乙。

(2) 如果乙说的是真话，丙是小偷，甲说的是假话，丙说的是假话，丁说的又成了真话。有两句真话，不符合题意，小偷不是丙。

(3) 如果丙说的是真话，那小偷不是丙，但不一定是乙。

分两种情况：

乙不是小偷，这样一来甲说的是假话，乙说的是假话，而又只有一句真话，那丁说的也是假话，那小偷是丁。

乙是小偷，那是不成立的，因为这样甲又说真话了。

(4) 只有丁说的是真话，那甲说了假话，乙说了假话，丙也说了假话，而乙、丙不能同时为假。这样又有矛盾了。

因此答案是：丙说的是真话，小偷不是丙，乙不是小偷，这样一来甲说的是假话，乙说的是假话，而又只有一句真话，那丁说的也是假话，那小偷是丁。

219. 最终谁会赢

持第一个骰子的人会赢，他点数大的次数约占全部的 55%，如下表所示。

(表中：L 表示第二个人输，W 表示第二个人赢。)

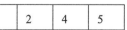

	2	4	5

1	L	L	L
3	W	L	L
6	W	W	W

220. 谁是主犯

乙是主犯。

因为甲和丁说的一致，而又只有一个人说了真话，也就是说甲和丁说的都是假话。所以丙不是主犯，只有乙是主犯了。说了真话的只有丙，其他人说的都是假话。

221. 不可能的分数

甲的情况是可能的。六次射击都中靶，而总分又只有 8 分，不可能有一次得 5 分以上，最多只有一次得 3 分。这样其余 5 次各得 1 分，即：8=1+1+1+1+1+3。而且这是唯一的答案。

乙的情况是不可能的。因为六次射击都中靶，每次最多得 9 分，9×6=54(分)，比 56 分小。所以，这是不可能的。

丙的情况是可能的，并且有好几种可能性，即答案不是唯一的。总分是 28 分的一共有 16 种情况。

丁的情况是不可能的，因为中靶的分数都是奇数，6 个奇数的和一定是偶数，而 27 是奇数，所以不可能。

222. 有谁偷吃了蛋糕

C 说谎，A 和 C 都吃了一部分。因为如果 A 说谎，则 B 也说谎；若 B 说谎，则 A 也说谎。所以只能是 C 说谎。既然 C 是在说谎，那么只有 A 和 C 都吃了，才能成立。

223. 电脑高手

(2)和(4)之中至少有一条实话。如果(2)和(4)都是实话，那就是汤姆作的案；根据(7)，(5)和(6)都是假话。这不可能。

根据(8)，(1)、(3)和(5)中不可能只有一条是实话。而根据(7)，(1)、(3)和(5)中至多只能有一条是实话。因此(1)、(3)和(5)都是假话，(6)是实话。由于汤姆没有作案，(3)是假话，即约翰不是电脑高手；(1)是假话，即吉姆是电脑高手。从而，(4)是实话，(2)是假话，而结论是：吉姆作的案。

224. 各自的身份

假设玛丽是受害者，那么露西的话虽然说的是受害者却又是真的，所以，玛丽不可能是受害者。

假设瑞利是受害者，那么玛丽和劳尔的发言虽然说的是被害者却又是真的。所以，瑞利不可能是受害者。

假设劳尔是受害者，那么瑞利的话说的是受害者却又是真的，所以劳尔不可能是受害者。

综上可知，露西就是受害者。

225. 谁偷吃了糖果

是 C 偷吃了糖果，只有 D 说了实话。用假设法，分别假设 A、B、C、D 说了实话，看是否与已知条件发生矛盾即可。

226. 损坏的瓷器

两个小姐各自心里就要想了，航空公司认为这个瓷器价值在 1000 元以内，而且如果自己给出的价格比另一个人低的话，就可以额外再得到 200 元，而自己实际损失是 888 元。

A 想了，航空公司不知道具体的价格，那么 B 那个傻姑娘肯定会认为多报损失就会多得益，只要不超过 1000 元即可，那么 B 最有可能报的价格是 900 元到 1000 元之间的某一个价格。而我何其聪明啊，人人都夸我是才女，怎么能做这么傻的事情呢？所以，我就报 890 元，这样航空公司肯定认为我是诚实的好姑娘，从而奖励我 200 元，这样我实际就可以获得 1090 元，哈哈！那个傻姑娘因为说谎，就只能拿 890 元了，看我多聪明啊！

两人考虑到此就都会写 890 元。

B 也想了，那个 A 一看就是个精明的丫头，不能中了她的圈套，被她算计了。所以，我一定要好好教训一下这个自以为很精明的丫头，让她知道我不是好惹的。她既然算计我，要写 890 元，我也要报复。我的座右铭可是"来而不往非礼也"。所以，我就填 888 元原价，嘻嘻！

A 也不是吃素的。她一想，这个叫 B 的家伙肯定也不简单，不能低估了她。她肯定已经想到了我要写 890 元了，这样她很可能填真实价格了。我就来个更绝的，来个以退为进的战略，填 880 元，低于真实价格，这下她肯定想不到了吧！

B 不知道从哪里得了风声，她想你要来绝的，我比你更绝，我报 800 元，这次你死定了！

我们都知道，计谋的关键是要能算得比对手更远，于是这两个极其精明的女孩相互算计，最后，她们可能都会填 689 元。她们都认为，原价是 888 元，而自己填 689 元肯定是最低了，加上奖励的 200 元，就是 889 元，还能赚上 1 元。

这两个女孩算计别人的本事是旗鼓相当的，她们都暗自为自己最终填了 689 元而感到兴奋不已。最后，航空公司收到了她们的申报损失，发现两人都填了 689 元，料想这两个女孩都是诚实守信的好姑娘。航空公司本来预算的 2198 元赔偿金现在只需赔偿 1378 元就能搞定了。

而两个超级精明的女孩呢，各自只能拿到 689 元，还不足以弥补瓷器本来的损失，亏大了吧！本来她们俩可以商量好都填 1000 元，这样她们各自都可以拿到 1000

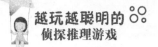
元的赔偿金。结果她们因为都要算计对方，都要拿的比对方多，最后都不得益。

227. 推算日子

根据(3)、(4)可知，下午下雨的日子比上午下雨的日子多一天，而且上午或下午下雨的情况有七次，所以上午下雨三次，下午下雨四次。一共住了 4+5=9(天)。

228. 丙会如何回答

首先，我们可以假设：甲是诚实的。

也就是说，甲的回答是正确的。甲回答说："不，乙没有说谎。"

那么，可以推出乙也是诚实的。

又因为乙的回答是："丙在说谎。"所以，是丙确实是在说谎。

这样，说谎话的丙肯定会说谎话，即他会说："甲在说谎。"

相反，如果我们假设：甲是说谎者。

则甲所说的话都是谎言，甲回答说："不，乙没有说谎。"

这就说明乙在说谎。

因为乙回答说："丙在说谎。"所以，丙就应该是诚实的。

而诚实的丙应该如实回答："甲在说谎。"

这样，综合前面两种假设，也就是说，无论在哪种情况下，丙都会回答："甲在说谎。"

229. 哪天说实话

如果第二天说的是真话，那么第一天和第三天的也都是真话了，矛盾，所以第二天肯定是谎话。

如果第一天说的是谎话，那么星期一和星期二两天里必然有一天是说真话的。

同理，如果第三天说的是谎话，星期三和星期五两天里也必然有一天说真话。

这样，第一天和第三天的两句话不可能都是谎话，说真话的那一天是第一天或第三天。

假设第一天是真话，因为第三天说的是谎话，所以第一天是星期三或星期五，第二天是星期四或星期六，这样就使得第二天说的也是真话了，矛盾。

所以第一天和第二天是谎话，第三天是真话。

因为第一天说的是谎话，所以说真话的第三天是星期一或星期二，又因为第二天不能是星期日，所以第三天只能是星期二，也就是第一天是星期日，第二天是星期一，第三天是星期二。

A 在星期二说真话。

230. 亲戚关系

从(1)、(2)和(3)说的话入手：

(1)说 B 是我父亲的兄弟，(2)说 E 是我的岳母，(3)说 C 是我女婿的兄弟。

说明 B 和 C 是兄弟关系，B 是 E 的女婿。那么(2)是 B，(3)是 E。

(4)说 A 是我兄弟的妻子。

B 已经说过话，说明第(4)句是 C 说的，A 是 B 的妻子。

那么关系很明确了：

岳母 E

女儿 A

女婿 B

女婿兄弟 C

(1)说 B 是我父亲的兄弟。

说明(1)是 C 的子女。

女婿兄弟的子女 D。

因此四个选项中 B 项正确。

231. 完美岛上的部落

A：妻子，诚实部落，阿尔法，部落号为 66。

B：丈夫，说谎部落，伽马，部落号为 44。

C：儿子，贝塔，部落号为 54。

首先确认 A 是丈夫还是妻子，是诚实还是说谎。

从 A 讲的话入手，A 可能是诚实丈夫、说谎丈夫、诚实妻子、说谎妻子和儿子。

如果 A 为诚实丈夫，那么 B、C 的组合必为"B：说谎妻子，C：儿子"或者"B：儿子，C：说谎妻子"。如果 B 是儿子，那么 B 的 1、4 两句话是假话，不符合儿子说话特点。如果 C 是儿子，2、4 两句话又存在矛盾。所以这种情况是不可能的。

如果 A 为说谎丈夫，那么 B、C 的组合必为"B：诚实妻子，C：儿子"或者"B：儿子，C：诚实妻子"。如果 B 是诚实妻子，那么 B 的 1、4 两句话都是假话，与诚实妻子的性格不符。如果 B 是儿子，B 的 1、4 两句话也都是假话，与儿子的性格特点也不符。所以这种情况是不可能的。

如果 A 为说谎妻子，那么 B、C 的组合必为"B：诚实丈夫，C：儿子"或者"B：儿子，C：诚实丈夫"。如果 B 是诚实丈夫，那么 B 的 1、4 两句话都是假话，与 B 的性格不符。如果 B 是儿子，那么 B 的 1、4 两句话也与儿子的性格不符。这种情况也不可能。

如果 A 为儿子，那么 A 的 2、3 两句话都是假话，不符合儿子的特点，仍然不合条件。

所以 A 只能是诚实妻子。

而 B 是说谎丈夫，C 是儿子。

然后再根据每个人说话的特点，就可以得出几个人的名字和部落号了。

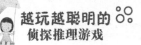

232. 说谎国与老实国

其实只要看丙说的话和"只有一个老实人"这一条件就可以得出答案了。因为不管是老实的人还是说谎的人，被人问起，必然回答自己是老实国的人，即丙的话是如实地反映乙的话的，则丙必为老实国人，甲和乙都是说谎国的人。

233. 四个男孩

甲、乙两人的答案不同，所以一定有一个在说谎。也就是说，丙和丁说的都是实话。所以，丙不是最帅的，也就是说乙说的是假话。这样就可以得到顺序为：乙、丙、甲、丁。

234. 假话

明面上有三个"假话"。还有一个假话在哪里呢？原来，有三个"假话"却说成是四个，这就是最后一个假话。

235. 真话和谎话

假如小江的话是真的，那么小华的话就是假的，相反，如果小江的话是假的，那么小华的话就是真话，据此推测，小江和小华之间必定有一人在撒谎。以此类推，五人中应该有三人在撒谎。

236. 谁是肇事者

利用排除法可以知道，C是肇事司机。

237. 零用钱

可以用假设法。

如果第一只碗里有钱，那么第二、三只碗上的话就是真的，所以假设错误。

如果第二只碗里有钱，那么第一、三只碗上的话就是真的，也不对。

如果第三只碗里有钱，那么只有第一句话是对的。所以，钱在第三只碗里。

238. 谁得了大奖

是乙。显然如果是甲、丁、戊三人中的一个人的话，那么乙和丙就都猜对了，与题目矛盾。如果是丙的话，那么甲和乙的话就是正确的。如果是乙的话，只有丙说的话是正确的。你猜对了吗？

239. 向双胞胎问话

只要问："如果我问另一个人这样的问题：'你父母在家吗？'他会怎么说？"相反的答案就是正确答案。

240. 四种语言

甲会的是中文和日语。

乙会的是法语和中文。

丙会的就是英语和法语。

丁只会中文。

因为甲与丙、丙与丁不能直接交谈，又因为有一种语言四人中有三人都会，那么就应该是甲、乙、丁三人都会某一种语言。

因为丁不会日语，所以日语应该不是三人都会的语言。

甲会日语，但是没有人既会日语又会法语，那么甲不会法语，所以法语也不应该是三人都会的。

乙不会英语，英语也不应该是三人都会的。

那就只能是甲、乙、丙三人都会中文。

根据条件可知，甲会的是中文和日语，丁会中文。

甲和丙不能直接交流，那么丙会的就是英语和法语。

乙可以和丙直接交流，乙不会英语，那乙就要应该会法语。

所以，乙会的就是法语和中文。

241. 额头上的数字

第一次，S 说不知道，说明 P 肯定不是 1；P 也说不知道，说明 S 不是 2。

为什么？因为如果 P 是 1，S 马上就知道自己是 2 了。他说不知道，P 就知道自己肯定不是 1，如果这个时候 S 是 2 的话，P 就能肯定自己应该是 3 了。

所以 S 不是 2。

第二次，S 说不知道，说明 P 不是 3，因为前一次 S 说不知道，P 知道自己肯定不是 2，如果 S 是 3 的话，P 马上就知道自己是 4 了，所以 S 不是 3；而 P 又说不知道，说明 S 不是 4，因为 S 从 P 又说不知道，得知自己不是 3，如果 S 是 4，P 马上就能知道自己应该是 5 了，所以 S 也不是 4。

第三次，S 又说不知道，说明 P 不是 5，因为第二次最后 P 说不知道，S 就知道自己不是 4 了，如果 P 是 5，S 马上知道自己是 6；同样，S 不是 6，因为 P 从 S 说不知道，得知自己不是 5，如果 S 是 6 的话，P 就马上知道自己应该是 7 了，所以 P 还是不知道。

最后，S 说他知道了！因为他从 P 不知道中得知自己不是 6，而他看到 P 头上的号码是 7，他就知道，自己是 8 了。所以他知道了，而 P 听到 S 说知道了，就判断出 S 是 8 了，所以 P 马上知道自己是 7。

242. 丈夫的忠诚

设 a 为 8 点时参加聚会的人分成的组数，则根据(1)，这时参加聚会的共有 $5a$ 位。

设 b 为 9 点时参加聚会的人分成的组数，则根据(2)，这时参加聚会的共有 $4b$ 位，而且 $5a+2=4b$。

设 c 为 10 点时参加聚会的人分成的组数，则根据(3)，这时参加聚会的共有 $3c$ 位，而且 $4b+2=3c$。

设 d 为 11 点时参加聚会的人分成的组数，则根据(4)，这时参加聚会的共有 $2d$ 位，而且 $3c+2=2d$。

经过反复试验，得出在第一个和第二个方程中 a、b 和 c 的可能值如下(根据 1，a 不能大于 20)。

$5a+2=4b$，$4b+2=3c$。

由于 b 在两个方程中必须有相同的值，所以 $b=13$。

于是 $a=10$，$c=18$。

由于 $c=18$，所以从第三个方程得：$d=28$。

因此，参加聚会的人数，8 点时是 50 人，9 点时是 52 人，10 点时是 54 人，11 点时是 56 人。

根据 1、5 和 6，如果是阿米莉亚按原来打算在她丈夫之后一小时到达，则 8 点时参加聚会的人数就会是 49 人。

根据 2、5 和 6，如果是布伦达按原来打算在她丈夫之后一小时到达，则 9 点时参加聚会的人数将会是 51 人。

根据 3、5 和 6，如果是谢里尔按原来打算在她丈夫之后一小时到达，则 10 点时参加聚会的人数将会是 53 人。

根据 4、5 和 6，如果是丹尼斯原来打算在她丈夫之后一小时到达，则 11 点时参加聚会的人数将会是 55 人。

在 49 人、51 人、53 人和 55 人这四个人数中，只有 53 人不能分成人数相等的若干个小组(为了能进行交谈，每组至少要有两人)。因此，根据(3)和(6)，对自己丈夫忠诚有所怀疑的人是谢里尔。

243. 入住时间

首先，可以很容易计算出四人的滞留时间之和是 20 天。平均每个人 5 天。

根据(1)，滞留时间最短的是甲，最长的是丁。也就是说丁至少滞留 6 天，再根据(2)和(3)来看，丁不是 8 日离开的，也不可能是 1 日入住的。

所以丁只能滞留 6 天，即 2 日入住，7 日离开。

假设乙和丙分别滞留了 4 天或以下，因为丁是 6 天，则甲必须是 6 天以上，就不是最短的了，所以乙和丙都应该是滞留 5 天，甲滞留 4 天。

根据(3)可知，丙是从 1 日入住的，即 5 日离开的。

如果乙是从 3 日入住的话，7 日离开，那就与丁重合了，所以乙是从 4 日入住，8 日离开。

剩下的甲则是从 3 日入住，6 日离开。

综上所述：

甲是从 3 日入住，6 日离开的。

乙是从 4 日入住，8 日离开的。

丙是从 1 日入住，5 日离开的。

丁是从 2 日入住，7 日离开的。

244. 四家孩子

首先，凑不够两个 9 人队，孩子总数最多为 17 人。若为 17 人以上，则可以凑成两个 9 人队或凑够两个 9 人队之后还有剩余。因此可以确定的是叔叔家的孩子最多有两个，若有三个或者三个以上，则其他三家至少分别有 6、5、4 个，总数大于17 人。

叔叔家孩子有两个的情况如下。

主人	弟弟	妹妹	叔叔	对应门牌号
5	4	3	2	120
6	4	3	2	144
7	4	3	2	168
8	4	3	2	192
6	5	3	2	180
7	5	3	2	210
6	5	4	2	240

叔叔家孩子为 1 个时，另外三个数相加≤16(17-1=16)，且三个数各不相同，并且三个数中最小数≥2，可以列出这三个数相乘的积最大为 4×5×7=140；其次为3×5×8=4×5×6=120，再次为 3×4×9=108。此时已比上面所列最小积还要小，若答案在小于 108 的范围内，则不需要知道叔叔家的孩子是一人还是两人了。

所以，在知道 4 数乘积及最小数是 1 还是 2 的情况下，如果还不能得出结论，只有门牌号为 120 时才有可能。

因此，确定门牌号为 120 了，当知道叔叔家孩子个数时就能确定四个数的情况，只有如下一种情况：主人 5 个孩子，弟弟 4 个孩子，妹妹 3 个孩子，叔叔 2 个孩子。

245. 名字与职业

首先列出所有的情况：

老大	老二	老三	老四	老五
板理医师职	板理医师职	板理医师职	板理医师职	板理医师职

由(1)，老板不是老三，也不是老四，则：

老大	老二	老三	老四	老五
板理医师职	板理医师职	理医师职	理医师职	板理医师职

由(2)，教师不是老四，也不是老大，则：

老大	老二	老三	老四	老五
板理医职	板理医师职	理医师职	理医职	板理医师职

由(3)，老三和老五住在同一栋公寓，对面是公司职员的家，则：

老大	老二	老三	老四	老五
板理医职	板理医师职	理医师	理医职	板理医师

由(4)，老二、老三和理发师经常一起出去旅游，则：

老大	老二	老三	老四	老五
板理医职	板医师职	医师	理医职	板理医师

由(5)，老大和老三有空时，就和医生、老板打牌，则：老三→师。

老大	老二	老三	老四	老五
理职	板医职	师	理医职	板理医

由(6)，每隔10天，老四和老五一定要到理发店修个脸，则：

老大	老二	老三	老四	老五
理职	板医职	师	医职	板医

由(7)，公司职员则一向自己刮胡子，从来不到理发店去；而老四老五去理发店。则：

老大	老二	老三	老四	老五
理职	板医职	师	医	板医

所以老四→医，则：老五是板。

老大	老二	老三	老四	老五
理职	职	师	医	板

所以老二→职，则：老大→理。

从而得出：

老大	老二	老三	老四	老五
理	职	师	医	板

246. 有几条病狗

三条。

假设只有一条病狗，这条病狗的主人观察到其他人的狗都是健康的，所以他马上就能断定是自己的狗生了病，在当天就能开枪杀死它。

假设有两条病狗,主人分别是甲和乙。甲在第一天观察到了乙的病狗,所以他无法判断自己的狗有没有生病。但是等到第二天的时候,甲发现乙没有在第一天开枪,这说明乙和甲一样也在第一天观察到了一条病狗。而甲已经知道除了自己和乙以外,其他人的狗都是健康的,所以乙观察到的病狗肯定是甲自己的那条了。这样,甲在第二天开枪杀死了自己的狗。同样的推理过程,乙也在第二天杀死了自己的狗。

假设有三条病狗,主人分别是甲、乙、丙。甲在第一天观察到了乙和丙的病狗,他按照刚才的推理过程知道,如果只有那两条狗生病的话,那么乙和丙会在第二天杀死他们自己的狗。乙和丙也是一样的推理过程,所以他们三个人在等待另外两人的枪声中度过了第二天。结果第二天没人开枪,他们就知道了另外两人也各自看到了两条生病的狗,也就是自己的狗是生病的。这样,三个人在第三天开枪杀死了自己的狗。

这个推理过程可以一直延续下去,到最后如果50条都是病狗的话,那么狗的主人们要一直等到第五十天才能确认自己的狗真的生了病。

警察的通知让有病狗这件事成了公共知识,所以才会出现这种情况。

247. 地理考试

选 C。此题用假设法。假设甲"3 是太湖"的说法正确,那么 2 就不是巢湖。同时,2 也不是太湖,5 是巢湖(由戊所说推出),再根据丙所说知道 1 是鄱阳湖,然后根据乙所说得出 2 是洪泽湖,最后根据丁的说法知道 4 是洞庭湖。答案为 C。

248. 八名职员

正确选项为 A。

249. 不用找零

运用 2 和 3,经过反复试验,可以发现,只有四对硬币组能满足这样的要求:一对中的两组硬币各为四枚,总价值相等,但彼此间没有一枚硬币面值相同。各对中每组硬币的总价值分别为:40 美分、80 美分、125 美分和 130 美分。具体情况如下(S 代表 1 美元,H 代表 50 美分,Q 代表 25 美分,D 代表 10 美分,N 代表 5 美分的硬币):

DDDD　　DDDH　　QQQH　　DDDS
QNNN　　QNQQ　　NDDS　　QNHH

运用 1 和 4,可以看出,只有 30 美分和 100 美分能够分别从两对硬币组中付出而不用找零。但是,在标价单中没有 100。因此,圈出的款额必定是 30。

250. 期末加赛题

能。这四个数字是 2、5、6、8。

先列出四人猜的情况。甲猜对了两个数,可能是 2—3,2—4,2—5,3—4,3—5,4—5。

乙猜对了一个数，可能是(1、3、4、8)中的一个数，他未猜的四个数(2、5、6、7)中有三个数是纸条上的数。

丙猜对了两个数，可能的组合为 1—2，1—7，1—8，2—7，2—8，7—8。

丁猜对了一个数，可能是(1、4、6、7)中选取一个数，他未猜的四个数(2、3、5、8)有三个数是纸条中的数。

八个数字中，甲与丙两人都猜了的数字是 2，两人都没有猜的数字是 6。

八个数字中，乙与丁两人都猜了的数字是 1、4，两人都没有猜的数字是 2、5。

我们先假设 2 不是纸条上的数。那么从乙未猜的数字中可得出 5、6、7 是纸条上的数字；同时从丁未猜的数字中可得出 3、5、8 是纸条上的数字；这样纸条上的数字就会有五个，分别是 3、5、6、7、8。显然，推论与题干中纸条上只有四个数字相矛盾，因此假设是错的，也就是说 2 是纸条上的数字。用同样的方法可推出 5 也在纸条上。

再假设 1 在纸条上，那么从乙猜的数字中可得出 3、4、8 不在纸条上。同时，从丁猜的数字中可得出 4、6、7 不在纸条上。这样不在纸条上的数字有 5 个，分别是 3、4、6、7、8，纸条上只能有三个数字，显然也不正确。所以假设错误，1 不在纸条上。用同样的方法，可推出 4 不在纸条上。

我们知道了 2、5 在纸条上，从甲猜测对了两个数字可知 3、4 不在纸条上。这样，在纸条上的数字可能是 2、5、6、7、8 中的四个。

最后，我们来看丙猜的情况，从他猜测的四个数可知 7 与 8 只能有一个数在纸条上。如 7 在纸条上，纸条上的数为 2、5、6、7。我们发现丁猜对了 6、7，显然与题干矛盾。再来检验 8，发现刚好能符合条件。

所以，只有一种可能，纸条上的数字是 2、5、6、8。

251. 纸片游戏

假设戊说的是真话，"我看到了四片白色的纸片"，那甲、乙、丙三人就都应该说真话，会发生矛盾。所以，戊说的一定是假话，他额头上是黑纸片。

假设乙说的是真话，"我看到了四片黑色的纸片"，即甲、丙、丁、戊额头上都是黑纸片，只有乙额头上是白纸片。那么，丙说的"三黑一白"就成了真话，产生了矛盾，所以乙也说的假话，额头上是黑纸片。

这样已经有乙和戊两张黑纸片了，所以甲说的："我看到三片白色的纸片和一片黑色的纸片"也就成了假话。所以，甲额头上贴的是黑纸片。

因为甲、乙、戊三人头上已经是黑纸片了，如果丙说的"我看到了三片黑色的纸片和一片白色的纸片"是假话，那丁就应该也是黑纸片，这样乙说的"四黑"也成真话了，矛盾，所以丙说的"我看到了三片黑色的纸片和一片白色的纸片"是真话，即丙额头上是白纸片。

因为丙说的是真话，即"我看到了三片黑色的纸片和一片白色的纸片"，而甲、乙、戊又都是黑纸片，那么丁额头上肯定贴的是白纸片了。

252. 读书的顺序

首先列一个表格，如下所示：

甲	1	2	3	4	5
乙					
丙					
丁					
戊					

根据(1)，甲最后读的书是乙读的第二本书。则在乙所在行的第二个空格处写上"5"。根据(3)，丙读的第二本书甲在一开始就读了，则在丙所在行的第二个空格处写上"1"。再根据(2)，丙最后读的书是乙读的第四本书；(4)，丁最后读的书是丙读的第三本书；(5)，乙读的第四本书是戊读的第三本书；(6)，丁第三次读的书是丙一开始读的那一本，分别得到如下结果：

甲	1	2	3	4	5
乙		5		a	
丙	c	1	b		a
丁			c		b
戊			a		

每个人都读完了五本书，说明每一行也是从 1 到 5 不重复。又因为每本书不可能有几个人同时在读，也就是说每一列都应该是从 1 到 5 不重复。观察字母 a，它不能是 4、5，也不能是 1、3，所以它只能是 2。就这样很容易得出结果：

乙：4、5、1、2、3；丙：5、1、4、3、2；
丁：2、3、5、1、4；戊：3、4、2、5、1。

253. 汽车的牌子

如果罗伯特买的是奔驰，那第 3 句也是对的，所以罗伯特买的不是奔驰，故排除了 B、C。

根据选项，可以确定欧文买的是奔驰，也就是说第 1 句和第 3 句话都是错的，那只有第 2 句是对的。所以叶赛宁买的是本田。选 D。

254. 为爱决斗

设：A：阿历克斯 B：克里斯 C：鲍博
只有 AB 相对

A 活下来的可能性为 $30\% + 70\% \times 50\% \times 30\% + 70\% \times 50\% \times 70\% \times 50\% \times 30\% + \cdots$
$= 0.3/0.65$

B 活下来的可能性为 $70\% \times 50\% + 70\% \times 50\% \times 70\% \times 50\% + 70\% \times 50\% \times 70\% \times$

50%×70%×50%+…=0.35/0.65

应该恰好等于 1-0.3/0.65。

只有 AC 相对

A 活下来的可能性为 30%

C 活下来的可能性为 70%

只有 BC 相对

B 活下来的可能性为 50%

C 活下来的可能性为 50%

三人相对

A 活下来有三种情况：

(1) A 杀了 C，B 杀不死 A，A 又杀了 B，概率 30%×50%×0.3/0.65

(2) A 杀不死 C，B 杀了 C，A 杀了 B，概率 70%×50%×0.3/0.65

(3) A 杀不死 C，B 杀不死 C，C 杀了 B，A 杀了 C，概率 70%×50%×30%

所以 A 活下来的可能性为 0.105+3/13≈0.336 大于 1/3，比较幸运了。

也有人对此提出质疑，他认为：A 的正确决策是首先朝天开枪！

这样，在这种情况下，B 和 A 一定会死一个，那么 A 在该情况下就有 30%的可能活命！比其他任何情况都高！这才是 A 的策略，也是 A 所能控制的情况。

B 活下来有三种情况：

(1) A 杀了 C，B 杀了 A，概率 30%×50%

(2) A 杀不死 C，B 杀了 C，AB 相对的情况下 B 杀了 A，概率 70%×50%×0.35/0.65

(3) A 杀了 C，B 杀不了 A，AB 相对的情况下 B 杀了 A，概率 30%×50%×0.35/0.65

所以 B 活下来的可能性为 0.15+3.5/13≈0.419 大于 1/3，非常幸运了。

C 活下来只有一种情况：

A 杀不死 C，B 杀不死 C，C 杀了 B，A 杀不死 C，C 杀了 A，概率 70%×50%×70%

所以 C 活下来的可能性为 0.245 小于 1/3，非常不幸。

而且 A、B、C 活下来的可能性之和恰为 1。

255. 找出重球

两次。

把八个球分成 3、3、2 三组，把 3 个球和 3 个球分别放在天平的两端。如果天平平衡，那么把剩下的两个球放在天平上，天平向哪边倾斜，那个球就是略重的；如果天平偏向一方，就把重的那一方的 3 个球中的两个放在天平上，这时如果天平倾斜，重的就是重的球，不倾斜，剩下的那个球就是要找的。

256. 钱去哪了

小王把信封上的字看倒了。应该是 86，他看成了 98。

257. 测验排名

先根据已知的"G 是第四名"列一个表。

			G				

因为 B、C、D 三人中 B 最高，D 最低，但不是第八名，C 应该小于第七名。F 的名次为 A、C 名次的平均数，且 B、C、D 中，C 在中间，所以 C 前面至少有 A、B、F 三个，也就是说 C 的位置只可能在第五或者第六。假设 C 在第六，D 只能在第七；F 比 E 高四个名次，只能 F 在第一，E 在第五；这与 F 为 A、C 平均数矛盾。所以 C 只能在第五位。F 是 A、C 的平均数，则 F 在第三位，A 在第一位；F 比 E 高四个名次，E 在第七位；D 不在最后，D 在第六位；B 在第二位，最后剩下 H 在最后。

所以名次顺序为：A、B、F、G、C、D、E、H。

258. 谁是明明

由"丙没有获得第一名""戊比丁高了两个名次"可知，丁不是第一名；由"甲不是第一名""丙比乙高了一个名次"可知，乙不是第一名。这样第一名就只能是戊，丁是第三名。

"丙比乙高了一个名次"，两人名次连续，只能是第四、五名了。剩下甲就是第二名了。

所以，丁是明明。

259. 哪种花色

红桃。

分别假设每种花色，然后推理是否有矛盾即可。

260. 谁说的是对的

D 说的对，今天是星期日。

261. 谁和谁配对

因为三个人都没有说真话，所以 A 不娶甲，甲不嫁 C，所以甲只能嫁给 B 了。而 C 不娶丙，那么 C 只能娶乙了，剩下的 A 只能娶丙了。

262. 体重排列

甲、丙、乙、丁。

263. 宿舍同学

因为 A 的男朋友是乙的好朋友，那么 A 的男朋友就应该是甲或者丙。但是丙

的年龄比 C 的男朋友大，即丙不是最年轻的，所以 A 的男朋友是甲。丙不可能是
C 的男朋友，那丙就是 B 的男朋友。而乙是 C 的男朋友。

264. 推测扑克牌

黑桃 K、黑桃 Q、红桃 Q。

265. 谁需要找零

根据(2)，阿莫斯有三枚 25 美分的硬币。因此，根据(1)，他持有的硬币是下列
三种情况之一(Q 代表 25 美分，D 代表 10 美分，N 代表 5 美分)。

QQQDDN，QQQDNNN，或 QQQNNNNN。

于是，根据(1)，每个人的硬币枚数只可能是六枚、七枚或者八枚。反复试验
表明，用只包括两枚 25 美分硬币的六枚硬币组成 1 美元，和用只包括一枚 25 美分
硬币的八枚硬币组成 1 美元都是不可能的。因此，每人身上都带有七枚硬币。各种
不同的组合如下(H 代表 50 美分)：

六枚硬币	七枚硬	八枚硬币
QQQDDN	QQQDNNN	QQQNNNNN
QQ？？？？	QQDDDD	QQDDDDNN
QHDNNN	QHNNNNN	Q？？？？？？？？
HDDDDD	HDDDDNN	HDDDNNNN

然后根据(3)，每份账单的款额(以美分为单位)是以下各数之一：5，10，15，
20，25，30，35，40，45，50，55，60，65，70，75，80，85，90，95，100。依
次假定每份账单的款额为上列各数，我们发现：除了款额为 5、15、85 或 95 美分
之外，四人都能不用找零。如果款额为 5、15、85 或 95 美分，唯独是有两枚 25 美
分硬币的伯特需要找零。因此，伯特需要找零。

266. 单循环比赛

A、B、C、D 四个班列个表，假设 A 的最差情况，Win1 Lose2

	A	B	C	D
Win	1	X	X	X
Lose	2	X	X	X

填写这些 X 位置的数字，须遵守以下规则，每横行之和为 6，每竖列之和为 3。
有以下两种情况：

(1)

	A	B	C	D
Win	1	3	2	0
Lose	2	0	1	3

(2)

	A	B	C	D
Win	1	2	1	2
Lose	2	1	2	1

所以能保证附加赛前不被淘汰，但不能保证出线。

267. 三种果冻

四个。

在最差的情况下抓三个至少是每种颜色的果冻各一个，所以再多抓一个，也就是四个，那么里面一定会有两个是一样颜色的。这就是最简单的"抽屉原理"。

下面解释一下"抽屉原理"，我们先看几个例子：

"任意 367 个人中，必有生日相同的人。"

"从任意五双手套中任取六只，其中至少有两只恰为一双手套。"

"从数 1，2，…，10 中任取六个数，其中至少有两个数为奇偶性不同。"

……

大家都会认为上面所述结论是正确的。这些结论是依据什么原理得出的呢？这个原理叫作"抽屉原理"。它的内容可以用形象的语言表述为："把 m 个东西任意分放进 n 个空抽屉里(m>n)，那么一定有一个抽屉中放进了至少两个东西。"

在上面的第一个结论中，由于一年最多有 366 天，因此在 367 人中至少有两人出生在同月同日。这相当于把 367 个东西放入 366 个抽屉，至少有两个东西在同一抽屉里。在第二个结论中，不妨想象将五双手套分别编号，即号码为 1，2，…，5 的手套各有两只，同号的两只是一双。任取六只手套，它们的编号至多有五种，因此其中至少有两只的号码相同。这相当于把六个东西放入五个抽屉，至少有两个东西在同一抽屉里。

268. 五色药丸

因为五个人中每个人都只猜对了一瓶，并且每人猜对的颜色都不同。也就是说每个人猜对的瓶子也是不同的。

而我们综合观察一下就会发现：猜第一瓶的只有一个人，就是丙。所以丙猜对的一定是第一瓶，也就是说第一瓶是红色。

这样丙的第二个猜测就一定是错误的，即第五瓶就不是黄色的药丸。那么第五瓶应该是戊猜对了，即第五瓶是蓝色的药丸。

这样，戊说的第二瓶是黑色的就不对了。既然第二瓶不是黑色的，那就应该如甲所说，第三瓶是黑色的。

那么，甲所说的第二瓶是蓝色的药丸就是错的，即第二瓶不是蓝色的。前面说第二瓶不是黑色的药丸，现在第二瓶只能是乙说的绿色的药丸了。

剩下的一个就是第四瓶，黄色的药丸。

所以综上所述：

第一瓶是红色的药丸。

第二瓶是绿色的药丸。

第三瓶是黑色的药丸。

第四瓶是黄色的药丸。

第五瓶是蓝色的药丸。

269. 默默无闻的捐助者

首先我们来看第一条：

假设这钱是赵风或者孙海寄的，那么第(2)、(3)、(6)条都是错的，这就有了三条错误判断，所以第一条肯定是错的，因此不可能是赵风和孙海。

现在可以确定的是(1)肯定是错的；

而第(3)条：这钱是李强寄的和第(5)条：这钱肯定不是李强寄的是矛盾的，因此肯定有一个是错的。

而事后已经证明，这六句话中只有两句是错的，而这两句错误的话已经在(1)、(3)、(5)三句话当中了，也就是说(2)、(4)、(6)三句话肯定是对的。

所以这个人就是王山了。

270. 三位授课老师

根据条件(1)，化学老师和数学老师住在一起，说明教化学的和教数学的老师不是一个人。

根据条件(3)，数学老师和丙老师是一对优秀的象棋国手，说明丙不是数学老师。

根据条件(4)，物理老师比生物老师年长，比乙老师又年轻，说明生物老师最年轻。

根据条件(2)，甲老师是三位老师中最年轻的，所以甲老师是生物老师，且不是物理老师。

根据条件(5)，三人中最年长的老师的家比其他两位老师远，住得最远的老师是乙，且不是化学老师和数学老师。

从而，我们可以得出以下答案。

老师	所教课程
甲老师	生物、数学
乙老师	语文、历史
丙老师	物理、化学

271. 不同国籍的人

由(3)知道 C 不是德国人。

由(5)知道 C 不是意大利人。

由(6)知道 C 不是美国人，也不是法国人。

又因为 C 是技师，而根据(2)知道 C 不是俄罗斯人。

所以 C 只能是英国人。

根据(1)知道 A 不是美国人。

根据(2)和(3)知道 A 不是俄罗斯人，也不是德国人。

根据(5)知道 A 不是法国人。

所以 A 就应该是意大利人。

根据(6)知道 B 不是美国人，也不是法国人。

根据(4)知道 B 不是德国人。

所以 B 应该是俄罗斯人。

根据(1)、(2)、(3)知道 E 不是美国人，也不是德国人。

那 E 就应该是法国人。

根据(4)知道 F 不是德国人。

所以 F 应该是美国人。

最后，D 就是德国人。

综上所述：A 是意大利人，B 是俄罗斯人，C 是英国人，D 是德国人，E 是法国人，F 是美国人。

272. 英语六级考试

答案 A。

陈述中(2)项如果为真，也就是说：该班所有人都通过了，那么第(1)、(3)项也必为真，这与题干中所说的"上述断定只有两个是真的"不一致，所以(2)项必为假。

又因为(2)项：该班所有人都通过了和(4)项有些人没有通过为矛盾命题，所以一定是必有"一真一假"。既然(2)项为假，那么(4)项必为真。

又根据题干"上述断定只有两个是真的"，而(2)、(4)一假一真，所以(1)、(3)也必然是一真一假。

显然，如果(1)班长通过了是真的，那么(3)有些人通过了也必定为真，这与命题不符。

所以(1)为假，(3)为真。

也就是说，正确的判断是第(3)项和第(4)项。

四个选项中，只有 A 是正确的。

273. 谁养鱼

首先确定：

房子颜色：红、黄、绿、白、蓝→Color 1、2、3、4、5

国籍：英、瑞、丹、挪、德→Nationality 1、2、3、4、5

饮料：茶、咖啡、牛奶、啤酒、开水→Drink 1、2、3、4、5

烟：PM、DH、BM、PR、混合烟→Tobacco 1、2、3、4、5

宠物：狗、鸟、马、猫、鱼→Pet 1、2、3、4、5

然后有：

由(9)→N1=挪威

由(14)→C2=蓝

由(4)→如 C3=绿，C4=白，则(8)和(5)矛盾，所以 C4=绿，C5=白

剩下红黄只能为 C1，C3

由(1)→C3=红，N3=英国，C1=黄

由(8)→D3=牛奶

由(5)→D4=咖啡

由(7)→T1=DH

由(11)→P2=马

那么：

挪威	?	英国	?	?
黄	蓝	红	绿	白
?	?	牛奶	咖啡	?
DH	?	?	?	?
?	马	?	?	?

由(12)→啤酒只能为 D2 或 D5，BM 只能为 T2 或 T5→D1=开水

由(3)→茶只能为 D2 或 D5，丹麦只能为 N2 或 N5

由(15)→T2=混合烟→BM=T5

所以剩下啤酒=D5，茶=T2→丹麦=D2

然后：

挪威	丹麦	英国	?	?
黄	蓝	红	绿	白
开水	茶	牛奶	咖啡	啤酒
DH	混合烟	?	?	BM
?	马	?	?	?

由(13)→德国=N4，PR=T4

所以，瑞典=N5，PM=T3

由(2)→狗=P5

由(6)→鸟=P3

由(10)→猫=P1

得到：

挪威	丹麦	英国	德国	瑞典
黄	蓝	红	绿	白
开水	茶	牛奶	咖啡	啤酒
DH	混合烟	PM	PR	BM
猫	马	鸟	？	狗

所以，最后剩下的鱼只能由德国人养了。

274. 兄弟姐妹

老四和老六是兄弟。

解题过程：

设兄弟俩所买艺术品的件数和为 N，单价为 x。

则姐妹所买的艺术品的件数为 $1+2+3+4+5+6-N=21-N$，姐妹所买艺术品的单价为 $2x$。

因为 6 个人一共花了 1000 元钱，我们可以列出方程：

$2x \times (21-N)x + Nx = 1000$

解得：

$42-N = 1000/x$

因为 N 为两兄弟所买件数，所以取值范围一定是在 3～11 之间。$42-N$ 的取值范围为 31～39 之间。

x 为兄弟所买单品价格，所以 $1000/x$ 是个整数或者 2 位以内的有限小数。

这样，只有 $42-N=32$ 时 $1000/x$ 才符合条件。

此时 $N=10$

而 1、2、3、4、5、6 六个数字中，和能等于 10 的只有 4+6，也就是说老四和老六是兄弟俩。

275. 职员的姓氏

副经理姓张。

过程：

由条件(1)：老陈住在天津。

由条件(6)：与副经理同姓的人住在北京。

可知：副经理不姓陈。

由条件(5)：副经理的邻居的工龄是副经理的三倍。

由条件(2)：老张有 20 年工龄，因为 20 不是 3 的倍数，所以副经理的邻居不是老张，而是老孙。

回到条件(6)：与副经理同姓的人住在北京，而老孙是副经理的邻居。

再由条件(3)：副经理家住在北京和天津之间。

可知，老孙住在北京和天津之间。

因此，由条件(1)和以上结论可知，老张住在北京。

再结合条件(6)可得出结论，副经理姓张。

276. 他妻子姓什么

由(4)：赵和孙属于相同年龄档；

由(5)：李和周不属于相同年龄档；

由(2)：三位女士小于 30 岁，两位女士大于 30 岁。

得出：赵、孙小于 30 岁。

由(6)：钱和周的职业相同。

由(7)：孙和李的职业不同。

由(3)：两位女士是教师，其他三位女士是秘书。

得出：钱和周是秘书。

因此，大于 30 岁的教师就只有李女士一人了。

所以王先生的妻子一定姓李。

277. 每个人的职业

菲利浦是歌手；罗伯特是大学生；鲁道夫是战士。

分析：因为根据条件(2)，可以知道菲利普不是大学生，而根据(3)也可以知道鲁道夫不是大学生，所以罗伯特是大学生。而根据(1)，罗伯特的年龄比战士的大，条件(2)中，罗伯特比菲利浦的年龄小，那么，鲁道夫就应该是战士。所以菲利浦是歌手。

278. 谁是她的男友

假设 A 是这位漂亮女同事的男友。

那么 D、E、G 说了真话，只有三个人，与条件矛盾。

假设 B 是这位漂亮女同事的男友。

那么 D、E、G 说了真话，只有三个人，与条件矛盾。

假设 C 是这位漂亮女同事的男友。

那么 C、E、G、H 说了真话，有四个人，符合条件。

假设 D 是这位漂亮女同事的男友。

那么 D、E、G 说了真话，只有三个人，与条件矛盾。

假设 E 是这位漂亮女同事的男友。

那么 D、E、G 说了真话，只有三个人，与条件矛盾。

假设 F 是这位漂亮女同事的男友。

那么 D、E、G 说了真话，只有三个人，与条件矛盾。

假设 G 是这位漂亮女同事的男友。

那么 A、B、D 说了真话，只有三个人，与条件矛盾。

假设 H 是这位漂亮女同事的男友。

那么 D、E、G 说了真话，只有三个人，与条件矛盾。

假设 I 是这位漂亮女同事的男友。

那么 D、F、I 说了真话，只有三个人，与条件矛盾。

综上所述：

C 是这位漂亮女同事的男友。

279. 令人瞩目的特点

根据(3)，如果大女儿非常聪明，那她也多才多艺。

根据(5)，如果大女儿多才多艺，那她也勤劳能干。

再根据(1)和(2)，三个人有八个特点，而每个人至多有三个特点，那么三人的特点分配一定是 2、3、3。也就是说每个女儿至少有两个特点。所以如果大女儿既不多才多艺也不聪明，那她也是勤劳能干。

因此，无论哪种情况，大女儿总是勤劳能干。

根据(4)，如果小女儿非常漂亮，那她也勤劳能干。

根据(5)，如果小女儿多才多艺，那她也勤劳能干。

根据(1)和(2)，如果小女儿既不多才多艺也不漂亮，那她也是勤劳能干。

因此，无论哪种情况，小女儿总是勤劳能干。

于是，根据(1)，二女儿一定不勤劳能干。

再根据(4)，二女儿并不漂亮。

从而根据(1)和(2)，二女儿既聪明又多才多艺。

再根据(1)，大女儿和小女儿都非常漂亮。

于是根据(2)和(3)，大女儿并不聪明。

从而根据(1)，小女儿很聪明。

最后，根据(1)和(2)，大女儿应该多才多艺，而小女儿则并非多才多艺。

280. 简单的信息

由(1)甲和乙是邻居，每天一起骑车去上班。

由(4)教师每天步行上班。

可以推测出教师不是甲乙。

由(5)售货员的邻居不是老板。

由(6)老板和工人毕业后就没见过。

可以推测出老板也不是甲、乙。

所以，丙、丁是老板和教师，甲、乙是售货员和工人。

再由(2)甲比丙年龄大。

(7)老板比售货员和工人年龄都大。

可推测出老板是丁。

所以教师是丙。

由(3)甲和丁业余一同练武术。

(6)老板和工人毕业后就没见过。

可知，甲是售货员，乙是工人。

所以得出答案：甲是售货员；乙是工人；丙是教师；丁是老板。

281. 特征的组合

每个人都恰好有三个特点。因此，根据(1)和(2)，亚当具有下列四组特点中的一组。

诙谐，漂亮，强壮

诙谐，漂亮，仁爱

漂亮，强壮，仁爱

强壮，聪明，仁爱

根据(1)和(3)，布拉德具有下列四组特点中的一组。

诙谐，聪明，漂亮

聪明，漂亮，强壮

聪明，漂亮，仁爱

漂亮，强壮，仁爱

根据(1)和(4)，科尔具有下列四组特点中的一组。

漂亮，强壮，聪明

漂亮，强壮，仁爱

强壮，聪明，仁爱

聪明，诙谐，仁爱

根据上面的特点组合并且根据(1)，如果亚当具有仁爱的特点，那么布拉德和科尔都是聪明而又漂亮的，亚当就不能是聪明或漂亮的了。这种情况不可能，因此亚当不具有仁爱的特点。

根据上面的特点组合并且根据(1)，如果布拉德具有仁爱的特点，那么亚当和科尔都是漂亮的，布拉德就不能具有漂亮的特点了。这种情况不可能，因此布拉德不具有仁爱的特点。

于是，科尔必定是具有仁爱特点的人了。

我们还可以看出其中一人的全部三个特点，以及另外两个人各有的两个特点。

由于科尔是仁爱的，所以亚当是诙谐、漂亮和强壮的；布拉德是既漂亮又聪明；从而科尔不能是漂亮的，所以科尔是既聪明又仁爱的人。

282. 谁得了第一

如果阿伦获得了第一名，那么根据(2)，他的语文成绩就是满分；而根据(8)，他的数学成绩就没有满分。如果阿伦没有获得第一名，那么根据(7)，他的数学成绩就没有满分；而根据(8)，他的语文成绩就是满分。

如果阿恩获得了第一名，那么根据(4)，他的数学成绩就是满分；而根据(8)，他的语文成绩就不是满分。如果阿恩没有获得第一名，那么根据(3)，他的语文成绩就不是满分；而根据(8)，他的数学成绩就是满分。

如果阿林获得了第一名，那么根据(6)，他的数学成绩就是满分；而根据(8)，他的语文成绩就不是满分。如果阿林没有获得第一名，那么根据(5)，他的数学成绩就不是满分，而根据(8)，他的语文成绩就是满分。

现在可以得到下表。

如果	那么他获得满分的科目为
阿伦获得了第一名	语文
阿伦没有获得第一名	语文
阿恩获得了第一名	数学
阿恩没有获得第一名	数学
阿林获得了第一名	数学
阿林没有获得第一名	语文

阿伦不可能获得第一名，否则阿伦和阿林的语文成绩就都是满分，从而与(7)发生矛盾。

阿林也不可能获得第一名，否则阿恩和阿林的数学成绩就都是满分，从而与(7)发生矛盾。

如果阿恩获得了第一名，那他倒是唯一数学成绩满分的同学，与(7)相符合，他也是唯一语文没有满分的同学，与(8)相符合。

因此，阿恩获得了第一名。

283. 哪一天一起营业

先根据题意列出表格(×代表该天休息，√代表该天营业。)：

	第1天	第2天	第3天	第4天	第5天	第6天	第7天
百货	×				×		√
超市		×		×			√
银行			×			×	√

现在来判断第七天是星期几。

根据(3)，不会连续三天营业，根据(1)，每周工作四天。

可以推出百货在第 2、3、4 天中一定有一天休息。

超市第 6 天休息。

银行第 1、2 天一定有一天休息。其他时间都是营业的。

可得下表：

	第1天	第2天	第3天	第4天	第5天	第6天	第7天
百货	×				×	√	√
超市	√	×	√	×	√	×	√
银行			×	√	√	×	√

第 1 天到第 6 天中，有一天是星期天。

由上表可知，星期天只可能在第 2 天。

所以第 7 天是星期五，也就是说星期五三家单位一起营业。

284. 真正的预言家

这道逻辑思维题看似复杂，但是如果我们用假设法来解决问题，就会很轻松地得到答案。

因为预言家是四个徒弟中的一个，也就是说这个人要么是 A、要么是 B、要么是 C、要么是 D。

假设：B 的预言是正确的。

如果 B 的预言是正确的，那么 C 将成为预言家。

这样，C 的预言也是正确的，结果就将有两个预言家，这是不符合题设条件的。

因此，B 的预言是错的，他没有当上预言家。

因为 B 的预言是错的，所以 C 后来也没有成为预言家。C 的预言也是错的，C 曾经预言："D 不会成为建筑师。"

既然这个预言是错的，那么 D 日后将成为建筑师，而不是预言家。

排除了 B、C、D，就可以推出预言家一定是 A。

这时，只剩下武士和医生两个职业了。

因为 A 的预言是正确的，所以 B 不能成为武士，那么 B 只能是医生了，剩下的 C 则是武士。

这样，四个人的预言都没有矛盾，成立。

所以这 4 个人的职业分别就是：A 成为预言家；B 成为医生；C 成为武士；D 成为建筑师。

285. 勇敢的猎人

先针对其中一位孩子，比如牛牛，可以列出如下组合：

(1) 牛牛，农夫的儿子，老虎；

(2) 牛牛，渔夫的儿子，老虎；

(3) 牛牛，渔夫的儿子，狮子。

再针对毛毛，可以列出如下组合：

(4) 毛毛，樵夫的儿子，狗熊；

(5) 毛毛，渔夫的儿子，老虎；

(6) 毛毛，渔夫的儿子，狗熊。

针对壮壮，可以列出如下组合：

(7) 壮壮，农夫的儿子，狗熊；

(8) 壮壮，樵夫的儿子，狗熊；

(9) 壮壮，樵夫的儿子，狮子。

综合以上结果：

假设组合(1)正确，那么：可以排除掉(2)(3)(7)(5)，剩下的第三组中，壮壮只能是樵夫的儿子，所以毛毛只能是渔夫的儿子，可以得出唯一答案，且无矛盾。

假设组合(2)正确，那么可以排除掉(1)(3)(5)(6)，第二组只能是毛毛，樵夫的儿子，狗熊；第三组就会出现矛盾。

假设组合(3)正确，同样会推出矛盾。

所以正确答案是：

牛牛是农夫的儿子，被猎人从老虎口中救出来的。

毛毛是渔夫的儿子，被猎人从狗熊口中救出来的。

壮壮是樵夫的儿子，被猎人从狮子口中救出来的。

286. 结婚、订婚与单身

由(1)和(2)可知，这 19 人由六对男女和三个单独前来的人组成。

由(3)可知，尚未订婚的 A 先生是单独前来的。

由(5)可知，处于订婚阶段的男士都是结伴来的。

分析(6)。如果结伴来的六个男士都是订婚阶段的，那么就有六个已婚的男士，而且只能是单独前来的，这就和(7)矛盾。

同理，结伴来的男士中不可能有五个处于订婚阶段。如果结伴来的六个男士里有三个处于订婚阶段，参加舞会的男士中已婚三个也是结伴来的，也就是单独来的男士中没有已婚的，这样无论单独来的 A 先生是单身还是已婚都无法满足(7)。

(6)结合(3)可知，结伴来的男士里处于订婚阶段的不可能少于三个。

因此，结伴来的六个男士里有四个处于订婚阶段，有两个处于已婚状态。

单独来的男士里有两个处于已婚状态，有两个处于单身状态。

由(3)可知，结伴来的六位女士有四个处于订婚阶段，有两个处于已婚状态。单独来的七人里已知有四位是男士，由(4)知剩下三位单独来的女士是单身。

因此舞会一共有九位女士，其中两个已婚，三个单身，四个订婚。

由(8)知 B 女士已订婚。

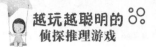

287. 忘记的纪念日

根据(1)和(2)，杰瑞第一次去健身俱乐部的日子必定是以下二者之一。

A. 汤姆第一次去健身俱乐部那天的第二天。

B. 汤姆第一次去健身俱乐部那天的前六天。

如果 A 是实际情况，那么根据(1)和(2)，汤姆和杰瑞第二次去健身俱乐部便是在同一天，而且在 20 天后又是同一天去健身俱乐部。根据(3)，他们再次都去健身俱乐部的那天必须是在 2 月份。可是，汤姆和杰瑞第一次去健身俱乐部的日子最晚也只能分别是 1 月份的第六天和第七天；在这种情况下，他们在 1 月份必定有两次是同一天去健身俱乐部：1 月 11 日和 1 月 31 日。因此 A 不是实际情况，而 B 是实际情况。

在情况 B 下，1 月份的第一个星期二不能迟于 1 月 1 日，否则随后的那个星期一将是 1 月份的第二个星期一。因此，杰瑞是 1 月 1 日开始去健身俱乐部的，而汤姆是 1 月 7 日开始去的。于是根据(1)和(2)，他们两人在 1 月份去健身俱乐部的日期分别为：

杰瑞：1 日，5 日，9 日，13 日，17 日，21 日，25 日，29 日。

汤姆：7 日，12 日，17 日，22 日，27 日。

因此，汤姆和杰瑞相遇于 1 月 17 日。

288. 毕业 10 年

根据第(6)条和第(7)条："乙和丙的车是同一牌子的；丙和丁中只有一个人有车"，说明甲、乙、丙三个人都有车，只有丁没有车。

因为"有一个人三种条件都具备"，而根据(3)"只有一个人有了自己的别墅"，说明这个唯一有别墅的人就是这个三种条件都具备的人。也就是说这个有别墅的人只能是有车的甲、乙、丙三人中的一个。

这样就可以推出丁既没有车也没有别墅了。

因为根据第(4)条："每个人至少具备一样条件"，所以丁一定有喜欢的工作。

因为根据(5)："甲和乙对自己的工作条件感觉一样"，和条件(2)"只有两个人有自己喜欢的工作"，所以丙和丁一样，都有喜欢的工作。

既有车又有喜欢的工作的只有丙，那么他就是那个三个条件都具备的人了。

289. 并列第一

他是这样推论的：

设另外两个人分别为甲和乙。

甲举手了，这说明我和乙两人中，至少有一个人是戴红帽子的。

同样，乙举手了，这说明我和甲两人中，至少有一个人是戴红帽子的。

如果我头上不是戴红帽子，那么，乙一定会想："甲举了手，说明乙和我至少有一个人头上戴红帽子，现在，乙明明看到我不戴红帽子。所以，乙一定戴红帽子。"

在这种情况下,乙一定会知道并说出自己戴红帽子。可是,他并没有说自己戴红帽子。可见,我头上戴的是红帽子。

同理:如果我不是戴红帽子,甲的想法也会和乙是一样:"乙举了手,这说明甲和我两人中至少有一个人头上戴红帽子。现在,甲明明看到我头上不戴红帽子。所以,甲一定戴红帽子。"

在这种情况下,甲一定会知道自己戴红帽子,可是,甲并没有这样说。

所以,我头上戴的是红帽子。

290. 雨中的聚会

首先,我们可以根据已知条件,简单地推出以下结论。

甲拿走的雨伞只可能是丙或戊的。

乙拿走的雨伞只可能是甲或戊的。

丙拿走的雨伞只可能是甲或丁的。

丁拿走的雨伞只可能是甲或乙的。

戊拿走的雨伞只可能是乙或丙的。

也就是说,每个人的选择都只剩下了两个,这时我们可以用假设法,来推断这个问题。

首先,我们假设甲拿走的雨伞是丙的,那么戊拿走的雨伞就不可能再是丙的了,这样只能是乙的;同理,丁拿走的雨伞只能是甲的;丙拿走的雨伞是丁的;乙拿走的雨伞是戊的。

这样,乙和戊就相互拿了雨伞,与条件不符。

所以上面的假设是错误的。

也就是说,甲拿走的只能是戊的雨伞,而乙拿走的是甲的雨伞,丙拿走的是丁的雨伞,丁拿走的是乙的雨伞,戊拿走的是丙的雨伞。这样才符合条件,不会发生矛盾。

291. 火车上的座位

是 D 先生。

四个人的座次如下图所示。

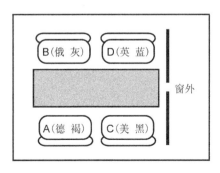

分析过程：

首先由(6)可知：右上角的位置是英国旅客。

在由(1)推出：左上角是 B 先生。

由(3)可得：左下角是德国人，右下角的人穿黑色大衣。

由(5)可知，左上角的 B 先生是俄国人，穿灰色大衣。

再由(4)可知，右上角只能是 D 先生，右下角是美国人。

最后由(2)可知：左下角为 A 先生，穿褐色大衣。

综上所述，只有右上角的旅客为 D 先生，穿蓝色大衣。

292. 五种颜色的衣钩

答题 1：应选 B。因这一组中，蓝衣钩与白衣钩毗邻，违反已知条件(3)，故错。

答题 2：应选 D。A 违反已知条件(4)；B 和 E 违反已知条件(1)；C 违反已知条件(3)；只有 D 符合所有条件，故选 D。

答题 3：应选 A。因为 B 违反已知条件(1)。C 违反已知条件(1)和(2)，而 D 和 E 都违反已知条件(1)。如果要符合所有的题设条件和本题题意，A 是唯一的选择。

293. 不变的菜单

根据(1)和(2)，如果阿德里安要的是火腿，那么布福德要的就是猪排，卡特要的也是猪排。这种情况与(3)矛盾。因此，阿德里安要的只能是猪排。于是，根据(2)，卡特要的只能是火腿。

因此，只有布福德才能昨天要火腿，今天要猪排。

294. 下雨和天晴

也许你会认为是不一定，因为 72 小时以后的事是说不定的。其实不然，因为现在是半夜 12 点，再过 72 个小时还是半夜 12 点，半夜肯定是不会出太阳的。

295. 有趣的轮盘赌

跟丽莎小姐一样，押 500 个金币在"3 的倍数"上就可以了。

基本上只要跟丽莎小姐用同样的方法下注就可以了。如果丽莎小姐赢了，周星星先生也会得到同样的报酬，他们的名次就不会受到影响。要是丽莎小姐输了的话就更不会影响到名次了。

事实上周星星先生只要押 401 个以上的金币，赢的话金币就会在 1502 个以上，仍然是第一名。所以，在这种场合，手里有较多金币的人便是赢家。

296. 四种饮料

先确定哪个瓶子里装的是果汁。

我们可以用假设法。

假设甲装的是果汁，根据甲上的标签，而且果汁上的标签为假的，可以推出乙装的不是白酒。

再根据乙和丙瓶子上的话可知，丙和丁装的也不是白酒。这样只能甲是白酒，与假设矛盾。

假设乙装的是果汁，那么甲瓶子上的标签就应该是真话，但是甲说乙装的是白酒，与假设矛盾。

假设丁装的是果汁，那么丙瓶子上的标签就应该是真话，但是丙说丁装的是可乐，与假设矛盾。

所以只剩下了一种可能，就是丙装的是果汁。则丙的标签是假的，其余的标签都是真的。

由甲瓶子的标签可知：乙瓶子里装的是白酒。

由丙瓶子的标签可知：丁瓶子里装的不是可乐，那只能是啤酒了。

最后剩下的一个瓶子甲则装有可乐。

从而得到答案：

甲瓶子：可乐。

乙瓶子：白酒。

丙瓶子：果汁。

丁瓶子：啤酒。

297. 争论

A 是正确的。小王和小张对可能的理解是正确的，而小李对可能的理解是不正确的。可能下雨，就是既可能会下雨，也可能不下雨，而不是小李所说的，可能下雨就表明今天一定要下雨。

298. 单张纸牌

根据(1)，当时(爸爸，妈妈，儿子)三人手中牌的分布是以下三种情况之一(A 和 B 各代表一个对子中的一张牌，S 代表单张)：

A,AB,BS；A,BS,AB；S,AB,AB。

根据条件(2)、(3)和(4)，这三种情况按下列过程进行抽牌。

	开始	第一回	第二回	第三回	第四回	第五回
可能 1	A,AB,BS	AB,A,BS	AB,AS,B	B,AS,AB	无论怎么抽都和(4)矛盾	
可能 2	A,BS,AB	AB,S,AB	AB,AS,B	无论怎么抽都和(4)矛盾		
可能 3		AS,B,AB	AS,AB,B	无论怎么抽都和(4)矛盾		
可能 4			AS,B̶B̶,A	S,×,A̶A̶	爸爸输	
可能 5	S,AB,AB	AS,B,AB	AS,B̶B̶,A	A,×,AS	A̶A̶,×,S	儿子输
可能 6		BS,A,AB	BS,A̶A̶,B	B,×,BS	B̶B̶,×,S	儿子输

由条件(5)可知，两盘游戏中有一次是"可能4"，还有一次是"可能5"或"可能6"，而只有妈妈没有输过。

299. 纸牌游戏

根据(1)和总共有35张牌的事实，妈妈和儿子各分到12张牌，爸爸分到11张牌。因此，在把成对的牌拿出之后，爸爸手中剩下的牌是奇数，而妈妈和儿子手中剩下的牌是偶数。

根据(2)，三个人一共剩下九张牌，其中一个是单张，那么三人手中剩下的牌总共可以配成四对。

再根据(3)，在剩下的九张牌中，妈妈和爸爸手中的牌加在一起能配成的对子最多，儿子和爸爸手中的牌加在一起能配成的对子最少。也就是说，妈妈和爸爸手中的牌加在一起能配成三对，妈妈和儿子手中的牌加在一起能配成一对，而儿子和爸爸手中的牌加在一起一对也配不成。

根据以上的推理，各个对子的分布(A、B、C 和 D 各代表一个对子中的一张)如下：

妈妈手中的牌：A、B、C、D

爸爸手中的牌：A、B、C

儿子手中的牌：D

而前面已经证明，爸爸手中剩下的牌是奇数，妈妈和儿子手中剩下的牌是偶数。所以，单张的牌一定是在儿子的手中。

300. 四大洲的五个地方

A 先生住在亚洲印度的新德里。

B 先生住在南美洲巴西的巴西利亚。

C 先生住在欧洲法国的巴黎。

D 先生和 E 先生分别住在北美洲美国的纽约、芝加哥。

301. 居住的位置

画一个简单的位置图就可以判断出来了，选 C。

302. 猴子偷吃桃

猴子丙说："我和猴子丁共吃了 3 个桃。"

如果丁吃了 1 个的话，丙无论吃了 1 个还是 2 个都不会说这句话，所以丁吃了2 个桃，说谎话；

由猴子丁说的两句谎话可以知道。

猴子乙吃了 1 个桃，说真话。

猴子丙剩下 3 个桃。

由猴子乙说的真话知道：猴子甲剩下 4 个桃。

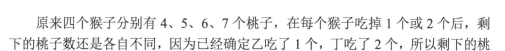

原来四个猴子分别有 4、5、6、7 个桃子，在每个猴子吃掉 1 个或 2 个后，剩下的桃子数还是各自不同，因为已经确定乙吃了 1 个，丁吃了 2 个，所以剩下的桃子数只有两种可能：2、4、5、6 和 2、3、4、6。

因为猴子丙剩下了 3 个桃子，所以排除"2、4、5、6"，得到答案。

所以，正确答案如下。

猴子甲最初有 6 个，吃了 2 个，剩下了 4 个。

猴子乙最初有 7 个，吃了 1 个，剩下了 6 个。

猴子丙最初有 5 个，吃了 2 个，剩下了 3 个。

猴子丁最初有 4 个，吃了 2 个，剩下了 2 个。

303. 意想不到的老虎

多数人认为，死囚的第一步推理是正确的，即老虎不可能在第五扇门内。实际上，即使只有一扇门，死囚也无法确定老虎是否在这扇门里，它确实是意想不到的。这是一道著名的逻辑悖论，至今仍然没有很好的解释。关键就在于"意想不到"。既然承认了意想不到的前提，怎么能推出必然的结论呢？

304. 五名狙击手

大牛。

分析：从(1)、(5)和(6)情报得知，E 狙击手就是在这些情报中均未提及绰号的某人，换言之，从 A 狙击手到 D 狙击手都不是此人。根据上述这个关键和(4)和(5)项情报作推敲，我们可以知道：A 狙击手就是指"虎爷"。再从这个关键和(2)项情报作推敲，我们便可以知道：D 狙击手就是指"小马哥"。

然后，再根据这个关键和(3)项情报作推敲，我们又可以知道：C 狙击手其实就是指"白猴"。知道 A、C、D 三名狙击手的绰号之后，剩下的 B 狙击手无疑就是指"大牛"了。

305. 爆炸声

只发生了一次爆炸。那名游泳逃生的游客之所以听到两次，是因为他第一次是在水里听到的。声音在水中传播的速度要比在空气中传播得快。所以第一次是由水传播过来的。而当他钻出水面后，又听到了一次由空气传播过来的爆炸声。

306. 珠宝店盗窃案

由(2)、(3)、(5)知道 A、C 都不能有罪。

由(1)知道 A、B、C 至少有一个人有罪，那么 B 肯定有罪。

由(4)知道只有 B 一人有罪。

307. 统计员的难题

他妻子用来堵住他的口的那个问题是这样的："好，汤姆，假定当我们第一次见面的时候你的年龄是我的三倍，而现在我刚好是你那个时候的年龄，并且当我的年龄是现在的三倍时，我们的年龄加起来恰好是 100 岁，你能说出下一次 2 月 29 日时你是多大岁数吗？"

308. 选择箱子

这是一个新的悖论，而专家们还不知道如何解决它。

这个悖论是物理学家威廉·纽科姆发明的，称为纽科姆悖论。哈佛大学的哲学家罗伯特·诺吉克首先发表并分析了这个悖论。他分析的依据主要是数学家称之为"博弈论"或"对策论"的法则。

男孩决定只拿 B 箱是很容易理解的。为了使女孩的论据明显起来，要记住欧米加已经走了。箱子里也许有钱，也许空着，这是不会再改变的。如果有钱，它仍然有钱；如果空着，它仍然空着。让我们思考一下这两种情况。

如果 B 中有钱，女孩只拿箱子 B，她得到 100 万美元。如果她两个箱子都要，就会得到 100 万美元加 1000 美元。

如果 B 箱空着，她只拿 B 箱，就什么也得不到。但如果她拿两个箱子，她就至少得到 1000 美元。

因此，每一种情况下，女孩拿两个箱子都多得 1000 元。

这条悖论是试验一个人是否相信自由意志论的"石蕊试纸"类型的悖论。对这个悖论的反应公平地区分出，愿意拿两个箱子的是自由意志论者，愿意拿 B 箱者是决定论(宿命论)者。而另一些人则争辩道：不管未来是完全决定的，还是不完全决定的，这个悖论所要求的条件都是矛盾的。

之所以出现争论，关键在于原来设定的问题情景中有许多不确定和模糊的地方，所以争论双方不但需要按照自己的理解用语义分析和逻辑的方法去消除这种不确定和模糊性，而且需要找出对方在语义分析和论证中有何错误之处。

309. 判断对错

这块矿石是铁。可采用假设的方法推理出来。如假设甲同学两个判断都对，那么乙、丙同学的判断都有一个是正确的，与老师的结论矛盾，所以，甲同学的判断不对。依此类推，假设乙同学都对，丙同学都对。最后就会得出结论，丙同学的判断都对，这块矿石是铁。

310. 寻宝的路线

路线是：A—G—M—D—F—B—R—W—H—P—Z。只有按这条路线走，才能做到从 A 到 Z 每个城镇走一次而不重复。

311. 确定起点

起点是左上角的格子 4↓。那些没有停留的方格呈现的数字为 31。建议倒过来从终点找起。

312. 奇怪的火灾

是大棚顶上积了一小洼雨水，形成了一个凸透镜，中午的阳光通过凸透镜照射到枯草上，点燃了枯草，酿成了火灾。

313. 辨别方向(1)

她把别针在身上的真丝衣服上蹭了几下，使它变成一个小磁铁，然后在鼻子和额头上沾一点油，将其放入小水坑里。由于别针上有油，会浮在水面上，就形成了一个自制的小指南针。有了方向，就可以走出去了。

314. 辨别方向(2)

他观察了一下那些被砍伐的树桩。树木的年轮是可以区分出东南西北的。

315. 合租的三家人

老王、李平和美美是一家；老张、杜丽和丹丹是一家；老李、丁香和壮壮是一家。

因为老王的女儿不叫丹丹，那他的女儿一定是美美。又因为老张和李平家的孩子都参加了女子篮球队，说明老张和李平不是一家，而且两家都有女儿。所以老王和李平、美美一家；因为老李和杜丽不是一家的，那么老张和杜丽、丹丹一家，剩下的老李、丁香和壮壮就是一家了。

316. 穿错了衣服

老大拿老二的帽子，老二拿老三的帽子；老三拿老四的帽子，老四拿老大的帽子。

老大拿老三的大衣，老三拿老四的大衣；老四拿老二的大衣，老二拿老大的大衣。

317. 九人分组

答题 1：根据条件(2)，A、B 首先应予以排除；根据条件(3)，C、D 也应予以排除。因此，选 E。

答题 2：A 应予排除，因 S 和 T 是同性别的大人，违反已知条件(1)；B 和 E 也应予排除，因为 X 必须和 S 或 U 同组。由条件(1)可知 S、T、V 肯定在第二组或第三组，但 C 中缺 V，故也应排除别的(当然用此法也可否定 E)。因此，选 D。

答题 3：A 违反已知条件(2)；E 违反已知条件(3)；U 和 V 是同性别的大人，不能编在一组，D 应予排除。B 也应该排除，因为 W、S、U 编在一组，显然违反了已知条件(3)。因此，应该选 C。

答题 4：选 A。因为参加任务有 2 男、3 女和 4 个孩子，根据规则(1)，2 男分别分在两个组里，3 女分别分在三个组里。还有 4 个孩子必须这样分配，在有男人又有女人的组里可搭上 1 个孩子，而没有男人只有 1 个女人的组里搭上 2 个孩子。因此 A 肯定是对的，其他答案 B、C、D 不一定对，E 则完全错误。

答题 5：应选 D。选 A 不行，因为 R 和 S 同组，违反条件(1)。选 B 不行，因为 R 和 W 同组，违反条件(2)。选 C 不行，因为 X 没有和 S 或 U 同组，违反条件(3)。选 E 不行，因为 U 和 V 同组，违反条件(1)。故选择 D。

318. 小组成员

答题 1：选 C。根据题意与已知条件(4)，很明显 C 是肯定对的。既然海伦不能与艾琳在同一个小组工作，那么，如果海伦在小组 X，艾琳必定在小组 Y。

答题 2：选 B。不是海伦在小组 X，就是艾琳在小组 X(已知条件(4))。除此之外，还有一位是弗雷德里克(已知在条件 3)。而在选择中，这三个人的名字只有海伦一人出现，因此只能选她了。

答题 3：选 C。根据题意可推出卡林与艾琳在同一个小组。既然卡林与艾琳在一起，那么海伦就不能跟他在一起，否则违反已知条件(4)。

答题 4：选 D。类似这种题目，我们只能用排除法来做，看哪个选择完全符合条件才能断定。下面我们一个一个来分析：

先看 A。如果 A 是正确的，那么根据选项所给条件和已知条件(3)和(4)，我们可以得出，肯定在小组 X 的人是海伦、乔治娅和乔治。但是卡林没有得到限制，他既可以在小组 X，又可以在小组 Y，这就不可能是唯一可能的分配方案。

再看 B。由题意和已知条件(3)可推出：乔治和乔治娅在小组 X，卡林、拉蒙特和弗雷德里克在小组 Y。尽管我们可以从已知条件(4)知道海伦与艾琳不在同一个小组，但是我们还是不能确定究竟谁分在哪个小组，因此这也不是唯一的分配方案。

然后我们来看看 C。根据题意和已知条件(3)，我们可以知道，小组 X 里有乔治娅、拉蒙特和乔治，小组 Y 里有弗雷德里克，而海伦、艾琳和卡林的位置不能确定，这样就会有更多的选择，因此 C 肯定是错的。

现在我们来看看 D。根据题意我们可推出小组 X 有五人，而小组 Y 有两人。既然海伦在小组 X，那么艾琳肯定在小组 Y(已知条件(4))。现在小组 Y 只能再进一人，根据已知条件(3)，可推出这个人一定是弗雷德里克，而其余人员只能到小组 X 工作，这是唯一的分配方案，因此 D 肯定是正确的。

最后我们再看一看 E。根据题意和已知条件(4)，我们只能推出艾琳和其他三人在小组 Y，海伦和其他两人在小组 X，其余人员在哪个小组根本无法再推下去，故 E 也是错误的。

319. 检验毒酒

最少 10 个人就够了。

把 10 个人编号为 1～10，再把 1000 瓶酒用二进制编号，分别为 0000000000，0000000001，……，1111111111，一共有 1024 种组法。把每种组法对应一瓶酒，足够 1000 瓶酒。酒的编号中第几位为 1，就把该酒喂给第几个人。最后看死了哪几个人，便可以判断出哪瓶酒有毒了。

320. 经营的种类

可以至少推算出图中那样的结果。

	面包店	花店
街道		
	1 号	书店

根据(5)和(6)可以知道，酒吧和文具店在道路的同一边。再看看图就会发现只有在 1 号店这一边才有可能。而且，6 号店也会在这一边，可知 6 号店的位置一定是在 1 号店的左边或右边。而 6 号店的隔壁是酒吧，所以就知道 1 号店是酒吧了。

321. 排卡片

问题 1：应选 D。A、B 和 E 明显违反已知条件(1)和(3)。C 的排列也是错的。如果这样，根据已知条件(3)，周年纪念卡只能统统放在第四排，这就违反了已知条件(2)。只有 D 符合所有已知条件。

问题 2：应选 A。因为生日卡不能放在第四排，且生日卡数目又最多，共四张，因此这 4 张卡片必须放在前三排六个位置上。如果选 B、D、E，第三排就会出现三张生日卡，这样就违反了已知条件(2)，所以错；如果选 C，则明显违反了已知条件(3)，所以也错；只有 A 符合所有条件，而且也只有这种排法才可能避免排其他卡片(如周年纪念卡)时违反已知条件，故选 A。

问题 3：应选 C。由上题我们已知，四张生日卡应排在第二排(两张)和第三排两张)，三张周年纪念卡，分别排在第一排(一张)和第四排(两张)。因此我们可以直截了当地选出两张生日卡与一张结婚卡或一张毕业卡那个组合就行了。如果你想进一步分析其他选项的错误，你会看出：选 A 明显违反已知条件(3)；选 B、D、E 会违反已知条件(2)。

问题 4：应选 C。从前二题中我们已知：为了满足所有题设条件，四张生日卡已经占去了第二排和第三排的四个位置，三张周年纪念卡占去了第一排和第四排的三个位置，余下可供结婚卡和毕业卡放的位置只有第三排一个位置和第四排两个位置，本题要求两张毕业卡放在一行内，那么只有第四排的两个空位可满足这一要求，因此选 C。

问题 5：应选 B。为了满足已知条件(2)和(3)，三张周年纪念卡必须分别放在第一排(一张)和第四排(两张)。其实，这一点我们在解答前几题时就已经讲得很清楚了，其他选项则不一定对。

答题 6：应选 C。如果第一排是一张生日卡，根据已知条件(3)，那么三张周年纪念卡就只好放在第四排，这样便违反了已知条件(2)，故一定错。其他选项中，A 和 D 肯定对，B 和 E 也有可能对，详细分析可参见前几题。

答题 7：应选 E。五个选择中，A 肯定错；B、C、D 陈述的情况不是每种排列中都会出现的，只有 E 陈述的这种情况在每种符合条件的排列中一定如此，故选 E，

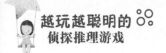
详细分析见答题 5。

322. 轮流洗碗

问题 1：选 D。A 违反已知条件(5)和(6)；B 和 C 违反已知条件(1)和(3)；E 违反已知条件(3)和(6)；只有 D 符合所有条件，故选 D。

问题 2：选 A。由题设条件(1)和本题条件可知，贝蒂在第二天洗碗；由已知条件(5)可知吉娜在第五天洗碗；再由已知条件(3)可知爱丽丝在第三天洗碗；最后由已知条件(2)可知，卡门不在第四天洗碗，故选 A。

问题 3：选 C。由已知条件(2)和本题条件可知，卡门在第四天洗碗，哈里特在第五天洗碗，故排除 B 和 E；由已知条件(3)可知吉娜在第三天洗碗；余下还有第二天和第六天，根据已知条件(5)可推出吉娜不在第五天洗碗，贝蒂也不在第二天洗碗，因此贝蒂将分配在第六天洗碗；余下的第二天只能分配给多拉，故选 C。

问题 4：选 E。由已知条件(5)与本题条件可知，吉娜在第五天洗碗；再由条件(3)可知，爱丽丝在第三天洗碗。除此之外，我们不知道其他人该在哪天洗碗，因此哈里特有可能在第一天，也有可能在第四天或第六天洗碗。因此选 E。

323. 两卷胶卷

首先根据题设条件(4)可推出：X 卷照的是彩色照片，供这个候选人获胜时用；Y 卷是黑白照片，供这个候选人落选时用。

问题 1：应选 B。由以上答案分析，我们可以立即推出 B 的结果，当然这是根据已知条件(1)和(4)推出的。

问题 2：应选 A。因为尽管 Y 卷中的底片只有 X 卷的一半(已知条件 3)，然而 X 卷中大部分底片即超过二分之一以上的底片报废无用，因此 Y 卷中有用的底片肯定比 X 卷中有用的底片多。

问题 3：应选 D。

324. 亲生子

不可能。因为父母都是 A 型血，是不可能生出 B 型血的儿子的。

325. 假借据

因为我们在写借据等有数字的凭据时，不可能用阿拉伯数字，都是用大写的数字，以免被人在前后加上别的数字。所以这个借据一定是假的。

326. 密室盗宝

是富翁自己偷了自己的钻石。他先准备两个一模一样的盒子，把钻石放到一个盒子里，再把另一个盒子放到密室中。那个著名的大盗和这个根本没有关系。

327. 巧辩冤案

因为是诬告，而且罪证很多，告状者在重新写状子的时候，两次必定会有很多出入。这两份状子就成了他诬告李靖的证据。

328. 独木舟旅行

问题1：你最好能一眼看穿：选 A 是正确的。选 A，将会得到其中的一种组合：儿子、母亲、母亲；儿子、父亲、女儿；儿子、女儿、父亲。这种组合可以满足所有的题设条件。

问题2：选 B。作为验证，我们将指出选 A、C、D、E 都是不行的。选 C，显然违反已知条件(2)。选 E，显然违反已知条件(3)。选 D，根据题意和 D 的选择将会产生如下组合：吉姆、珍妮、玛丽；受已知条件(2)的限制，罗伯特不能和埃伦、苏珊同坐一条船，那么这条船上将是埃伦、苏珊、威廉(或托米、或丹)；而第三条船上坐的将是罗伯特和他的两个儿子，这就违反了已知条件(3)。选 A 的情况类似于选 D。如果选 A，将会出现如下情况：吉姆、珍妮同坐一条独木舟；埃伦、苏珊同坐一条独木舟；这样，第三条独木舟上肯定坐罗伯特一家人中的三个，这显然也违反了已知条件(3)。

问题3：选 B。因为这样一来，四个父母辈的人分坐在两条独木舟上，第三条独木舟上坐的全是儿、女辈的人，这就违反了已知条件(2)。

问题4：选 D。根据题意和条件(2)，P 和 R 的断定肯定是对的。因为为了满足已知条件(2)和(3)，吉姆家的两个孩子不能坐在同一条独木舟上，罗伯特和玛丽也不能坐在同一条独木舟上。而 Q 的断定有可能对，也有可能错。可能性就不能保证每种组合的绝对正确。因此除 D 外，其他选择都是片面的或不一定正确。

问题5：选 A。由题目我们已知罗伯特家的两个男孩已经跟着吉姆去徒步旅行，因此剩下的三个孩子只能是吉姆家的两个女儿和罗伯特家的一个儿子。只有 A 和这个结果相符，故选 A。

329. 不同的病症

问题1：应选 C。根据已知条件(2)，L 病不会有喉咙痛的症状，因此，这个病人患的肯定不是 L 病。

问题2：应选 B。根据已知条件(3)和(4)，患了 T 病的人不一定发皮疹，而患了 Z 病的病人肯定不会发皮疹，但他至少表现出头痛这种症状，我们无法判断这个病人究竟患的是哪一种病。但是有一点我们已经知道：患这种病的病人都会有头痛的症状。因此，B 肯定对。

问题3：应选 E。下面我们逐项地来分析：根据已知条件(2)，可推出米勒得的不是 L 病，因此，选 A 肯定错。根据已知条件(4)，可推出 Z 病病人可能会表现出喉咙痛，也可能不会表现出喉咙痛这种症状，我们无法断定米勒得的是不是 Z 病。因此，选 B 和 D 都不行。根据已知条件(1)，我们也可推出同样的结果，即米勒可能患的是 G 病，也可能患的不是 G 病，所以，C 也不对。根据已知条件(3)，可知患 T 病的病人肯定会表现出喉咙痛的症状，而米勒没有喉咙痛的症状，因此，他患的肯定不是 T 病，由此，选 E 肯定正确。

问题4：应选 D。根据已知条件和本题题意可推出罗莎患的肯定不是 G 病、L 病和 T 病，那么她患的只能是 Z 病。而患 Z 病的病人必定会头痛而又决不会发皮疹，因此判断(1)和(2)都是正确的，而判断(3)是错误的。

问题5：应选 A。根据已知条件(1)和(2)，可推断哈里斯患的肯定不是 G 病和 L 病，那么他患的可能是 T 病或 Z 病。根据已知条件(3)和(4)，哈里斯不管患的是 T 病还是 Z 病，他都会有头痛的症状，所以，判断(1)肯定正确，而判断(2)和(3)则不一定正确，故选 A。

问题6：应选 D，根据已知条件(1)，患 G 病的人除了发烧和头痛两种症状外，他还会发皮疹，因此，A 错。根据已知条件(2)，患 L 病的人不会头痛，因此 B 也错。根据已知条件(3)，可知患 T 病的人有喉咙痛的症状，因此，C 和 E 都错。根据已知条件(4)，患 Z 病的人除了头痛，还伴有其他一种症状，因此这个病人患的肯定是 Z 病。

330. 密码的学问

问题1：选 B。我们只要记住已知条件(3)，就可以立即选出正确答案。

问题2：选 A。自已知条件(2)、(4)、(5)可知，三个字母中 K 和 M 两个字母在这样的条件中是不可能用的。因此只有 L 一个字母可用；再根据已知条件(3)，可得知这样的密码文字只有 LL 一种，故选 A。

问题3：选 C。选 A 违反条件(2)；选 B 违反条件(4)；选 D 违反条件(6)；选 E 违反条件(4)。故选 C。

问题4：选 B。既然条件限制在三个字母内，那么根据已知条件(2)、(4)、(5)、(6)，可先排除 K、M、O 三个字母，因此剩下的只有 LLL 及 MN 两种。

问题5：选 C。因为用 O 替代 N 后，原来的密码文字变为 MMLLOKO，这样就违反了已知条件(5)，故为错。

问题6：选 D。遇到这种题目我们可先将这个错误的密码文字找出来，然后再看是否可根据题中所限制的条件将它改正。我们可以发现，D 组中的密码文字明显违反已知条件(4)，但只要将 M 与前三个字母 NKL 任一位置交换即可变成一个完全符合条件的密码文字，因此选 D。

问题7：选 E。让我们逐个来排除：A 中的 X 一定要 L 替换才能符合已知条件(6)，但这组字母中没有 L，故不行。B 组中的密码文字本身就违反了已知条件(4)，因此也不行。C 与 A 同理。D 中的 X 必须由 N 代替才能符合已知条件(5)，而这个密码文字中没有 N 这个字母，因此同样不行。只有选 E，才能符合所有的已知条件，故选 E。

331. 两对三胞胎

从已知条件中，我们可先推出每对三胞胎都是由二男一女组成，N 和 Q 是兄弟关系，O 和 R 是同胞关系。明白这一点，我们在以下推理中可省去不少时间。

问题1：应选 E。从题意分析中我们已经知道，N 和 Q 是兄弟关系，O 和 R 是同胞关系。M 或 P，可能与 N 和 Q 是同胞兄弟姐妹，也可能与 O 和 R 是同胞兄弟姐妹，但是 N、Q 绝不可能是 O、R 的同胞兄弟姐妹，由此可知：R 和 Q 不可能是同胞兄弟姐妹关系。而其他几对都有可能是同胞兄弟姐妹关系。故选 E。

问题 2：应选 E。此题可用排除法一个一个地分析：如果 M 和 Q 是同胞兄弟姐妹，那么我们可以假设 M 是女的，P 是男的，但我们仍不知道究竟 O 或者 R 是女的，因此 A 错。选 B 也错，因为 Q 和 R 不可能是同胞兄弟姐妹(分析见答题 1)，因此更不能知道 R 是否一定是女性。如果 P 和 Q 是同胞兄弟姐妹，由此我们可以假设 P 是女的，M 是男的，但我们还是不知道究竟 O 或者 R 是女的，因此选 C 也错。如果 O 是 P 的小姑，那推断的结果必定是 R 是男性，故选 D 同样错。在 O 是 P 的小叔这一条件下，我们可以推断在 M、O、R 这对三胞胎中 M、O 都是男性，R 必定是女性。因此选 E 正确。

问题 3：应选 B。

问题 4：应选 A。根据题意，我们已经知道，N 和 Q 是男性。如果 Q 和 R 结为夫妇，我们可以推断 R 是女的；O 是男性，因此 B 和 D 肯定错，而 C 和 E 则不一定对，只有 A 肯定正确。

问题 5：应选 D。根据已知条件与本题附加条件，可推断出 P、R、O 三人是同胞兄弟姐妹，其中 O 是女的；N、Q、M 三人是同胞兄弟姐妹，其中 M 是女的。由此我们可以看出，除 D 之外的其他选项都错。

332. 参观的路线

技巧：你最好能画出一幅平面图，只有依照平面图对题目的要求作出直观的理解，才能在 10 分钟之内完成这道题。

平面图如下：

问题 1：从平面图上可以清楚地看出，Z 不可能是从 R 开始进入的第三个房间，要到达 Z，需经过 R、X、Y 三个房间，也就是说，Z 只能是从 R 直接进入的第四个房间。所以，应该选 E。

问题 2：选 A。关掉的或是 R、S 之间的门，或是 R、T 之间的门，或是 S、T 之间的门。

问题 3：选 E。Z 房间只有一道门与 Y 相通，故进出都需经过 Y。根据图示，进出 Z 都要经过 Y。

问题 4：选 C。对照平面图，你将清楚地看到只要在 T、U 之间开条通道，就可满足题目的要求。参观者的路线将是 R-S-T-U-X-Y-Z。

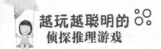

333. 遗产的分配

问题1：选 D。

根据已知条件(2)，不能选 A。根据已知条件(4)，不能选 C。根据已知条件(3)和(5)，不能选 B。根据已知条件(6)，不能选 E。因此，选 D。

问题2：选 C。

因为根据条件(5)，T 必须继承 4 号地；根据条件(6)，W 必须继承 6 号地；根据条件(3)、(4)和(6)，可以推断 V 将继承 3 号地，由此剩下的只能是 1、5、7 号三块地。根据题意 T、V、W 三人每人两块地。1、5、7 号三块地与 3、4、6 号三块地配对，不可能出现 1 号地与 7 号地搭配的情况，故选 C。

问题3：选 E。

根据题意只能由 S、T、W 号三人来继承七块地，而其中有一人继承 2 号地后就不可再继承其他地，因此，不可能只有一人继承三块地。由此看来 A，B，C 都是错的。现在我们来看 D，E 两个选择：根据已知条件(6)，W 必须继承 6 号地，由此可以推断，他不可能继承 2 号地，他必须是继承三块地的两人中的其中之一；而且 T 也不可能继承三块地，因为如果 S 继承了 2 号地，则 4 号地只能给 T，而 W 不能继承 3 号地，这块地又得给 T，这就违反了已知条件(3)。因此只有 E 是对的。

334. 现在几点

这段对话发生在上午 9:36。

设现在的时间为 x，则根据题中已知条件可以列出如下方程：

$$x/4+(24-x)/2=x。$$

解得：$x=48/5$，也就是上午 9 点 36 分。注意：从文中时间的叙述可以看出他们对话的发生在上午。如果不考虑这一点，也可以设想时间是在下午，那么，下午 7:12 同样是一个正确的答案。

335. 网球比赛

根据(1)，艾伦、克莱和厄尔各比赛了两场；因此，从(4)得知，他们每人在每一次联赛中至少胜了一场比赛。根据(3)和(4)，艾伦在第一次联赛中胜了两场比赛；于是克莱和厄尔第一次联赛中各胜了一场比赛。这样，在第一次联赛中各场比赛的胜负情况如下。

艾伦胜巴特　　艾伦胜厄尔(第四场)

克莱胜迪克　　克莱负厄尔(第三场)

根据(2)以及艾伦在第二次联赛中至少胜一场的事实，艾伦必定又打败了厄尔或者又打败了巴克。如果艾伦又打败了厄尔，则厄尔必定又打败了克莱，这与(2)矛盾。所以艾伦不是又打败了厄尔，而是又打败了巴特。这样，在第二次联赛中各场比赛的胜负情况如下。

艾伦胜巴特(第一场)　　艾伦负厄尔(第二场)

克莱负迪克(第四场)　　　克莱胜厄尔(第三场)

在第二次联赛中，只有迪克一场也没有输。因此，根据(4)，迪克是第二场比赛的冠军。

注：由于输一场即被淘汰，各场比赛的顺序如上面括号内所示。

336. 三种颜色的球

4个男孩。

因为每人拿的球中，红>蓝>绿，而每人一共拿了12个球，所以红球最少要拿5个，最多只能拿9个。

红球一共是26个，每人至少拿5个，所以最多能有5个人。

小强拿了4个蓝球，那么他最多只能拿7个红球了；就算小刚和小明都拿了9个红球，他们3个人也只拿了25个红球，少于26个，所以至少是4个人。

假设是5个人，那就有4个人拿了5个红球，1个人拿了6个红球。

对于拿了5个红球的人来说，蓝球和绿球只有一种选择：4蓝3绿，和只有小强拿了4个蓝球这个条件矛盾。所以是4个人。

拿球的组合情况如下表所示。

名字	红球数	蓝球数	绿球数
小强	5	4	3
小刚	6	5	1
小华	7	3	2
小明	8	3	1

337. 被困的海盗

15621个。解答方法很多，下面是最容易理解的一种：

假设给这堆椰子增加4个，则每次刚好分完而没有剩余。

解：设椰子总数为$n-4$，天亮后每人分到的个数为a。

$(1/5) \times (4/5) \times (4/5) \times (4/5) \times (4/5) \times (4/5) \times n = a$

$1024/15625 \times n = a$

因为a是整数，所以n最小为15625。

$n-4=15621$。

还可以设最开始有X个椰子，天亮时每人分到Y个椰子，则可得：

$X=5A+1$

$4A=5B+1$

$4B=5C+1$

$4C=5D+1$

$4D=5E+1$

$4E=5Y+1$

化简以后得：$1024X=15635Y+11529$。

这是个不定方程，依照题目我们求最小正整数解。现在我们假设 X_1 是这个方程的一个解，则 $X_1+15625$（$5^6=15625$，因为椰子被连续六次分为五堆）也是该方程的解，那么用个取巧的方法来解，就是设 $Y=-1$，则 $X=-4$。如果最开始有-4 个椰子，那么大家可以算一下，无论分多少次，都是符合题意的。所以把-4 加上 15625 就是最小的正整数解了，答案是 15621 个。

338. 口袋里的钱

甲：15 元；乙：25 元；丙：20 元；丁：30 元。

339. 分配零食

第一个小孩是明明，喜欢吃橘子；第二个小孩是小新，喜欢吃核桃；第三个小孩是小玲，喜欢吃瓜子；第三个小孩是小丽，喜欢吃话梅。

340. 不合格的钢球

第一次		结果	第二次		结果	第三次		结果	结论
左	右		左	右		左	右		
1、2、3、4	5、6、7、8	右重	1、6、7、8	5、9、10、11	右重	1	2	右重	1 轻
								平衡	5 重
					平衡	2	3	右重	2 轻
								平衡	4 轻
								左重	3 轻
					左重	6	7	右重	7 重
								平衡	8 重
								左重	9 重
		平衡	1、2、3	9、10、11	右重	9	10	右重	10 重
								平衡	11 重
								左重	9 重
					平衡	1	12	右重	12 重
								左重	12 轻
					左重	9	10	右重	9 轻
								平衡	11 轻
								左重	10 轻
		左重	1、6、7、8	5、9、10、11	右重	6	7	右重	6 轻
								平衡	8 轻
								左重	7 轻
					平衡	2	3	右重	3 重
								平衡	4 重
								左重	2 重
					左重	1	2	平衡	5 轻
								左重	1 重

参 考 文 献

[1] 刘晓菲. 世界经典推理游戏大全集[M]. 北京：中国华侨出版社，2011.

[2] 黎娜，于海娣. 全世界优等生都在做的 2000 个思维游戏[M]. 北京：华文出版社，2010.

[3] 于海娣. 逻辑思维训练 1200 题[M]. 北京：华文出版社，2010.

[4] 黎娜. 哈佛给学生做的 1500 个思维游戏[M]. 北京：华文出版社，2009.